新文科 · 普通高等教育休闲旅游"十四五"系列教材

总主编 刘 住 肖潜辉

孟秋莉 王相彬 皮鸿文 著

旅游影响研究

西安交通大学出版社
XI'AN JIAOTONG UNIVERSITY PRESS
国家一级出版社
全国百佳图书出版单位

内容简介

本书基于旅游学研究的概念和理论基础，遵循从概念性思辨到经验性实证的逻辑次序，对旅游业发展所带来的经济、文化、环境、生态、社会等方面的影响进行了着重研究和实证性分析，讨论并评价了其间产生的或积极、或消极，或显露于外、或隐而不见，或即刻爆发、或迁延滞后的一系列影响。本书的出版在充实国内旅游学界研究成果的同时，也满足正处于转型升级关键阶段的中国旅游业健康、可持续发展的实际需求。

本书适合高校旅游专业使用，也可供从事旅游工作的人员使用。

图书在版编目(CIP)数据

旅游影响研究 / 孟秋莉，王相彬，皮鸿文著. — 西安 ：西安交通大学出版社，2022.8

新文科·普通高等教育休闲旅游"十四五"系列教材

ISBN 978-7-5693-1976-7

Ⅰ. ①旅… Ⅱ. ①孟… ②王… ③皮… Ⅲ. ①旅游学-高等学校-教材 Ⅳ. ①F590

中国版本图书馆 CIP 数据核字(2022)第 095635 号

书　　名 旅游影响研究
LÜYOU YINGXIANG YANJIU
著　　者 孟秋莉　王相彬　皮鸿文
责任编辑 魏照民
责任校对 郭　剑
装帧设计 伍　胜

出版发行 西安交通大学出版社
(西安市兴庆南路 1 号　邮政编码 710048)
网　　址 http://www.xjtupress.com
电　　话 (029)82668357　82667874(市场营销中心)
(029)82668315(总编办)
传　　真 (029)82668280
印　　刷 西安日报社印务中心

开　　本 787mm×1092mm　1/16　**印张** 8.5　**字数** 196 千字
版次印次 2022 年 8 月第 1 版　2022 年 8 月第 1 次印刷
书　　号 ISBN 978-7-5693-1976-7
定　　价 29.80 元

如发现印装质量问题，请与本社市场营销中心联系。
订购热线：(029)82665248　(029)82667874
投稿热线：(029)82668133　(029)82665379
读者信箱：897899804@qq.com

新文科·普通高等教育休闲旅游“十四五”系列教材

编委会

序

去年下半年，老同事兼老友刘住校长约我为本丛书写序。其实他才是丛书序的最佳作者人选，因为他是策划人、组织者和审稿人。

将由西安交通大学出版社出版的《新文科·普通高等教育休闲旅游"十四五"系列教材》，是历经20余年酝酿、沉淀、打磨并最终成书的经年力作。20余年前，担任上海旅游高等专科学校校长的刘住教授，在国际交流之际，发现了一套西方国家高校休闲旅游教案合集。他认为这套书的主题、形式和内容对我国高等旅游教育很有参考价值，有意推荐给国内，并得到外方授权。我清晰记得当我还在国家旅游局人教司工作时，刘校长就多次向我提及这一想法。最后一次谈及此事，是在他退休之后的2019年。20余年间，围绕此书的研究借鉴没有中断，对中国式休闲旅游的实践总结和学理提升没有中断，创作一套融汇中外、交融知行的休闲旅游教材的努力没有中断。一如美酒的酿制，精心制作而后窖藏，历久弥醇。

休闲旅游是本书的主题，也是最切合我国旅游业当下发展阶段的命题，与时俱进是本套教材的显著特点。我国现代旅游业起步于改革开放，至少在起步后的大约30年间，我国旅游业的基本形态和特质是观光旅游。大约10年前，我国旅游业伴随着经济发展阶段的提升和消费升级，开始向休闲旅游过渡。当前旅游业新老形态并存。最大的行业偏向是部分管理层满脑子观光旅游，却要面对相去甚远的休闲旅游趋势。

我国旅游科研和教育的本底来自观光旅游，来自旅游业发展的初级阶段；对休闲旅游的认知还刚刚起步。字节跳动创始人张一鸣认为：认知，才是核心竞争力。我国休闲旅游的发展，明显受到不少行业管理者和较多从业人员认知缺乏甚至误解的阻碍。用观光旅游的认知无法理解休闲旅游，只有用不带偏见的思维才能把握休闲旅游的规律。所以，本套教材的编著和出版，具有深远的现实意义：既有利于学生学以致用，也有助于产业实践。

在国际视域之下，对中国旅游业波澜壮阔的伟大实践进行理论概括和创新探索，是本书又一特点。本书作者没有怯于国际同行在产业实践和科研教学方面先行一步，没有囿于他们的理论和结论，也没有照抄照搬脱离本国国情的西方观点，而是植根于我国旅游业实际，以中国话语，讲中国模式。书中大多数案例的选择和阐发，众多观点的提出和理论总结，都具有显著理论和实践价值；有的观点还绽放出创新的光芒。当然，可能某些观点和结论还有待商榷，有待历史检验，但这种创新精神和中国立场无疑是值得肯定的。

本书作者群体主要来自部分省区高等职业院校旅游专业一线教学科研岗位的实战型教师、学科带头人和院系领导。这个作者阵容与“211”和“985”高校相比，称不上豪华，也算不上头部和著名，但是就全球和全国旅游高等教育而言，最被行业认可、最有水平的旅游专业和院校，基本并不来自传统名校；在世界和我国排在前50名的高校中，甚至都没有旅游专业。牛津、剑桥和哈佛大学，清华、北大本科层面都没有旅游专业，倒是在著名高校领域排不上号的瑞士洛桑旅馆学校和夏威夷大学旅游学院之类的院校，在业内久负盛名。在我国，实力派旅游专业大部分同样不在名校，而在二、三、四流院校。所以不少非主流院校的旅游专业，反而基本代表了国家旅游教育的水平。而他们的作品，值得学习，堪为教材！原国家旅游局副局长孙钢同志曾称赞地方职业院校的旅游专业老师群体，“架子不大，本事不小”。这个群体最大的优势就是动手能力强，洞察产业实际，刻苦务实，学养不差。到底价值如何，还是由阅读学习来证明吧。

肖潜辉

2022年6月

前言

基于经济的持续增长和生活水平的不断提高，旅游越来越成为人民大众生活的刚性需求，越来越成为人们的一种生活方式。十九大报告中多次提到“人民对美好生活的向往”，旅游作为“五大幸福产业”之首，当之无愧地成为实现人民追求“美好生活”的重要抓手。旅游已经跳脱出原本单纯的产业和经济属性，逐渐成为“美好生活”的核心构成，成为国计民生的一项重要内容。本书基于旅游学研究的概念和理论基础，遵循从概念性思辨到经验性实证的逻辑次序，对旅游业发展所带来的经济、文化、环境、生态、社会等方面影响进行了着重研究和实证性分析，讨论并评价了其间产生的或积极、或消极，或显露于外、或隐而不见，或即刻爆发、或迁延滞后的一系列影响。本书的出版在充实国内旅游学界研究成果的同时，也满足正处于转型升级关键阶段的中国旅游业健康、可持续发展的实际需求。

美国学者弗克斯曾说：“旅游是把火，可以煮熟你的饭，可以烧毁你的屋！”这句话形象鲜明地道出了旅游影响的两面性：对社会既能产生积极影响，也能产生消极影响。而旅游所产生的影响又是相互的，被影响的事物也会对旅游产生二次影响，形成循环往复的过程。同时，旅游产生的积极影响和消极影响不是一成不变的，它们在时空上存在互相转换，即某一时期属于积极影响，在另一时期则可能变成消极影响。针对旅游影响的两面性和广泛性，学者们展开了相当多的调查和研究，并取得了一定的成果。本书基于旅游影响理论，在前期研究的基础上，从旅游对自然环境、人工环境、经济收益、社会经济、社会文化等几个重要方面展开深入的研究和分析，并佐以案例加以说明，意在系统性、辩证性地探讨、归纳、总结旅游对社会的影响，并延伸探讨方法和解决办法，为国内旅游的健康可持续发展提供理论和研究支持。

本书共分为六章。第一章为理论基础，整体介绍了旅游的定义、旅游的可持续性发展及其影响，由吴馨、孟秋莉写作。第二章针对本书的研究对象——旅游的影响，着重分析旅游对自然环境产生的积极和消极影响，由皮鸿文、李田香写作。第三章则对应聚焦旅游对人工环境产生的影响，由皮鸿文、李田香写作。第四章聚焦经济收益，对旅游产生的经济收益进行宏观系统的解读，由孙艺涵、孟秋莉写作。第五章为旅游对社会经济的影响，从微观方面分析旅游对社会经济造成影响的因素、表现和评价，由王相彬写作。第六章为旅游对社会文化的影响，从多个方面阐述旅游对社会文化形成的不同层面、不同体现的影响效应，由王相彬、孟秋莉写作。

本书在撰写和出版过程中，得到了众多专家、学者、同行、出版社编辑人员的帮助与支持，在此一并表示衷心感谢！由于旅游影响存在多样性与多变性的现实情境，囿于研究案例的局限性，本书难免存在不足和错误之处，望广大读者批评指正！

孟秋莉

于广西民族大学相思湖畔

目录

第一章
旅游的定义、可持续发展及影响

第一节　旅游的定义与发展

一、认识旅游

（一）什么是旅游

旅游，拆成单个字来看很好理解。“旅”指的是旅行、外出，是为了实现某个目的且在空间上有变更的行进过程。“游”指的是游览、观光、娱乐，是为了达到这些目的所实现的行为。两者合二为一就是旅游，与旅行不同的是旅行偏重于行，而旅游更加侧重于观光、游览等。

从世界旅游组织关于旅游的定义界定来看：旅游指的是人们为了休闲、事务或其他目的而旅行到惯常环境之外的地方，并在那里停留持续时间不超过一年的活动。惯常环境指的是一个人居住环境周围的地区以及所有其经常光顾的地方。

（二）旅游的内涵

《中国旅游文化大辞典》这样定义旅游：旅游是人类社会经济和文化发展到一定阶段的产物，是旅游者开展的一项以领略自然神韵、鉴赏文化精神为主要目的的活动。

从该辞典对旅游含义的表述来看，旅游是社会生产力和社会化的商品交换关系发展到一定阶段产生的一种社会现象，是在人类社会实现第三次社会大分工以后有了商品交换时而出现的。

一般而言，旅游是以文化的内在价值为依据，以行、游、住、食、购、娱六大要素为依托，以旅游主体、旅游客体、旅游中介体的相互关系为基础，是一种集物质文明和精神文明为一体的活动过程。

（三）旅游的特征

综上所述，通过查阅国内外学者对于旅游的定义可知，旅游具有以下几个特征：

1. 旅游会引起人的空间位置的移动。

2. 旅游可以有一个或多个动机。

3. 旅游活动需要一定的基础设施、营销系统、游憩和景区服务的支持。

4. 旅游不仅仅是旅游个人的一种休闲和游憩的消费方式，而是由客源地、交通和目的地构成的一个完整的空间系统。

5. 旅游整体的空间系统，不仅是一个经济系统，更是一个文化系统和社会系统。

对于以上五个特征的理解，首先从旅游定义出发，不难发现一个标志性的词语：空间。要进行旅游活动，就必须有着空间上的变化。世界旅游组织结合空间和时间因素认为旅游的主要目的是在到访地从事某种不获得报酬的活动。谢彦君综合空间、旅游动机和旅游目的等因素认为旅游是个人以前往异地寻求愉悦为主要目的而度过的一种具有社会、休闲和消费属性的短暂经历。可以简单地理解：旅游即为人们空间移动的一种现象。旅游是由旅游主体、旅游客体、旅游媒介三个要素所构成的，旅游主体是空间移动的主体，旅游客体主要包括景点、饭店所构成的旅游目的地空间所在，而旅游媒介主要包括各种旅行商社以及帮助旅游主体实现空间移动的各种连接体。对此国外学者库珀等人在其专著中认为旅游是在吸引和接待旅游者及其他来访游客过程中，由于旅游者、旅游企业、当地政府和当地社会的相互作用而引起的各种现象和关系的总和。因此对于旅游的定义不仅仅只是局限于空间，更应综合时间、动机、保障系统等进行全面分析，而这些因素正是影响旅游活动的表现形式或者是旅游发展的必要条件。

其次，就旅游本质来看，旅游的多义性反映出的是旅游概念的多层结构。旅游是一种人的基本需要，包括了生理和精神的层面，但这种欲求满足与否不会影响到人的生存。在这种需求的支配下，潜在地产生旅游行为和活动。当旅游活动达到一定规模后，会产生出一系列提供和丰富这种活动的产业和系统，之后由于人的频繁交流而造成人际关系、人群关系发生变异。

最后，旅游的定义包含多方面因素，但其最基础和最核心的是人的基本生理需求。可以把旅游看成是人们一种短暂的生活方式和生存状态，是人们对于惯常的生活和工作环境或熟悉的人际关系以及人际关系的异化体验。而由于个体所受到的经济、社会、文化、教育水平的不同，上述所提及的生活环境以及人际关系也会不同，那么其旅游动机和目的地的选择也不尽相同，而这种基本需求即为旅游动机。

综上所述，旅游的特征可延伸理解为人的自身基本需求在得到满足和释放时，所产生的社会关系和现象的总和。而这种需求是与生俱来的，不会因外界条件的变化而改变。学术界对旅游赋予的经济性、社会性等属性是人们对其加以的主观性判断。旅游产生的历史要远先于旅游产业的存在，古人对于旅游的需求和体验与今天的旅游者没有本质上的差别，在面对大自然的崇高和灿烂的文化艺术时产生的审美和体验都是一样的。只不过社会的进步、经济的发展使得旅游变得更加方便、舒适、大众化。而我们对于旅游的定义不应该只限于经济、社会以及空间性等方面。

二、旅游的产生

旅游作为人类文明进程中的一种社会现象，其存在历史已超过数千年。在我国早有孔子周游列国的早期研学旅游，也有徐霞客游遍大好山川写下脍炙人口的《徐霞客游记》。而把旅游现象作为一门学科来进行研究还仅仅只有近两百年的时间。关于旅游的研究，真正的发展时间距今也不过 60 年。1841 年英国人托马斯·库克组织的五百多人参加的异地禁酒大会，被视为近代旅游业的开端，我国也是借鉴近代旅游学的基础进行相关研究的。

值得注意的是，旅游和旅行是有区别的，虽然有许多行为和内容存在着交叉和联系，但两者本质不同。旅行的动机比较宽泛，但是旅游必须涉及追求愉悦的目的，并且前提条件是有自由的时间，最后才涉及空间上的转换。因此旅游的产生或者说旅游的起源就难以避免地要讨论人类的休闲方式、审美意识以及自由时间的拥有。

（一）自由时间

旅游作为人类社会的一种商品，需要商品数量达到一定数量之后才得以出现。而商品的出现，代表着人类生产力的发展。纵观近代旅游业的起源以及千年之前的旅行，最为明显的就是社会生产力的不同。社会生产力的高低决定了可流通商品的数量，也决定了旅游能否产生，此间最为重要的是，高生产率可以使得人们有更多的自由时间。自由时间又称为闲暇或余暇时间，是指除劳作时间、满足生理需要以及必须参与的社交活动之外的可支配的时间。在社会第三次大分工时，农业和手工业分工，社会上出现了不从事生产、只从事商品交换的商人，它意味着人类走进了文明时代。人们会有更多的时间去生产非生活必需品，这也是早在公元前 2 世纪就可能存在旅行的必要条件。而转换到近代旅游业来看，旅游业的产生正是源于第二次世界大战之后，工业和经济高速发展，人类劳作时间的改变，拥有更多闲暇时间，商品经济的繁华支持旅游业的诞生。因此从旅行到旅游，与其说是人类社会生产力的改变，还不如说是人类自由时间的结构变化，对旅游的意义至关重要。

（二）休闲方式

人们拥有了可自由支配的时间后，可以按个人偏好与喜好来从事其他活动，有最基础的散步、跑步，也有载歌载舞的晚会。谢彦君在《基础旅游学》中对人类休闲方式提出了身体、实用、文化和社会娱乐四大类型。但是我们不能简单地将旅游与休闲活动画等号。旅游是一种更为复杂，层次结构更丰富的现象，从最终功能来看，上述四种模式都是带来愉悦的，也适用于旅游定义，只是前提条件是异地和暂时性，才决定了旅游产生的本质所在。

（三）审美意识

愉悦的产生，就是建立在审美意识的基础上。主要分为物质方面和精神方面两种。人类最初的审美意识是在满足生存需求之后的延伸艺术品，往往是使用价值较高的生产品为达到视觉上的享受而产生的艺术品，而后随着人类社会的发展，文化和经验得以传承，培养了特有的审美意识，而后审美意识逐渐把生产品和艺术品剥离分开，升级成精神层面的享受。这也不难理解为什么原始部落的大多数艺术品呈现出动物捕猎的画面，而文明产生以后，具有审美价值的艺术品则多围绕山水草木、花鸟虫兽了。人类社会在一直进步，审美意识也逐渐在升华，而联系到旅游的产生来说，审美意识的不同，能达到旅游目的的愉悦效果也不尽相同。

综上所述，旅游的产生是从自由时间、休闲方式以及审美意识三个方面来考量的，不难发现，这三个因素都与历史发展相关联。但是它们在历史进程中对旅游产生有价值的变化时，没有一个具体可量化的标准来衡量。因此在探究旅游的产生时，难以准确把握是哪一时刻、哪一事件导致的。因此,我们可以将旅游定义为:当人类社会发展到一定程度时,人类可自由支配的时间增加,在人类文明传承的影响下产生的独特审美意识后,人们自由采取的、按个人喜好选择的休闲方式,并以异地和暂时性的性质活动。

第二节 旅游与可持续发展

一、认识旅游可持续发展

随着社会的发展进步,人类开始重新审视经济发展和资源利用以及生态平衡等关系,于是在20世纪60年代逐步形成可持续发展理念的体系。从社会观层面讲,可持续发展观主张公平分配,既满足当代人又满足后代人的基本要求;从经济观层面,主张建立在保护地球自然系统基础上的可持续发展;从自然观层面,主张人类与自然和谐相处。

随着对可持续发展理念的深入认识,有关旅游业发展和旅游影响问题的研究也迅速向这一主题靠拢。1995年召开的"可持续旅游发展世界会议"为可持续旅游提供了一整套行为规范,指出"可持续发展的实质,要求旅游与自然、文化和人类生存环境为一个整体,其实从旅游业的生存和发展依赖于环境,特别是对于自然环境和文化遗产等的依赖程度来看,旅游业是最需要贯彻,同时也是最能体现可持续发展思想的产业。"

1993年,世界旅游组织提出可持续发展是一种经济发展模式,甚至可持续发展旅游对旅游目的地经济、环境以及居民生活质量的提高也应具有一定意义。1995年,由联合国教科文组织、联合国环境规划署、世界旅游组织与岛屿发展科学理事会联合发起的"可持续旅游发展世界会议",通过了《可持续旅游发展宪章》和《可持续旅游发展行动计划》,确立了可持续旅游的概念,为可持续旅游提供了一整套行为规范。可持续旅游要求增进人们生态环境保护意识,促进旅游业的公平发展,改善旅游接待地区的居民生活质量,向旅游者提供高质量的旅游生活环境,保护未来社会旅游资源或产业开发赖以存在的生态环境等。

通过研究可持续发展的概念及其基本目标,我们发现,所谓的可持续发展旅游实际上既包括旅游活动的可持续发展,也包括旅游业的可持续发展。在旅游活动的可持续发展方面,它所关心的是旅游活动的长期生存和发展,强调旅游活动行为模式的优化,以避免对旅游目的地的环境和社会文化由于不合理开发利用遭到破坏。对于旅游业的可持续发展,关注旅游业的长期生存和发展,注重开发者、经营者、管理者应具有的社会责任感,重视旅游业发展与维护环境的协调、游客利益与当地居民利益的协调、当代人与后代人需要矛盾的协调。

二、旅游可持续性发展分析

旅游可持续发展最终体现于旅游业和旅游活动的长期生存和发展,但是旅游业与旅游活动的生存和发展的可持续性并非单一存在,也需要所处背景中的众多环境因素的共同作用。换句话说,这些因素的可持续发展的落实情况客观上成为旅游可持续发展实现程度的具体反映,主要体现在如下几点。

(一)文化发展的可持续性

旅游者之类的外来人口的输入所带来的种种文化差别,往往会冲击旅游目的地文化。如果旅游者规模不大,旅游目的地受影响程度有限,因而仍然可以保持和谐状态。但是在多数情况下,该社会的各种关系、人们的交往方式、生活方式、风俗习惯和文化传统,都会受到旅游者影响或者为了迎合市场需求而发生变化。在这种情况下,该社会虽然有可能继续维持运转,但其文化却往往会发生不可逆转的改变。尽管文化上的动态性是人类生活的一般特点之一,但上述文化改变有时不利于当地社会的文化传承与发展。为了避免不良后果的出现,同时也为了维护当地自身文化的旅游吸引力,旅游接待区有必要保护自己的文化传统。因此,旅游业和旅游活动中文化发展的可持续性强调旅游目的地能够保持和发扬自身文化的原真性,同时也能够接纳自己具有不同于他人的文化特点。

(二)生态环境的可持续性

旅游活动的开展,对于旅游地区的生态环境可能会产生各种不良影响。因此,要实现旅游可持续性发展,应当在开发和开展旅游业的同时,努力避免破坏其赖以生存的自然资源和环境资源,这也是为整个社会实现可持续发展承担义务和做贡献。因此,在开发和开展旅游活动中,应根据旅游接待地区的环境和生态系统的特点,评价旅游目的地的旅游承载力,并将旅游开发的规模和旅游活动的程度控制在这一承载力的极限之内,从而减小对环境的负面影响并维持生态的可持续性。

(三)社会发展的可持续性

社会发展的可持续性一般表现在一个旅游目的地在吸纳旅游者来访的同时,该地社会的各项职能也能够维持正常运转,并且社会状况能够维持健康和稳定,不会因为外来人口的涌入过多侵占能正常维持当地居民正常生活的物质生活资料,打破平衡状态;或者说旅游目的地社会能够自动通过社会职能的发挥,将这些不协调问题控制在不影响当地社会健康发展的程度之内。但是,从利益均衡角度,从旅游受益者与被排斥在外的非受益者之间的差别来看,可能存在拉大了旅游者生活区与当地居民生活区的距离。因此,旅游业的发展对旅游接待地区社会的负面影响之一就是可能产生原先并不存在的社会阶层或是使原有的社会阶层状况恶化。消除这类不良的社会状况,促进受益者达到尽可能的均衡,是旅游接待地甚至当地政府等在实现旅游发展中,对社会可持续性需要解决的重要问题之一。

(四)经济发展的可持续性

如果以整个国家作为旅游目的地而言,其经济发展的可持续性在很大程度上所涉及的是国家经济发展的安全性和旅游接待地区通过发展旅游业所获得的经济收益能够补偿任何为接待旅游者访问而付出的成本,并且还能为旅游接待地的居民带来经济补偿和收益。另外,从政府主导和经济市场方面看,在中国的旅游开发过程中,政府主导的开发模式在一定时期发挥了积极作用,但是在旅游可持续发展过程中,若只全权依赖于政府,较难发挥政府在旅游利益均衡中的引导作用。如在大型区域旅游开发过程中，若政府拥有绝对全权的行政权力背景，一旦出现管理制度的缺陷或缺失，可能导致将旅游作为政绩和追求利益的平台。但是若一味放手于市场，引进民间资本，一旦失去政府引导和监管，不能真实计算市场的真实需要和容纳量，将导致旅游目的地当地居民利益得不到尊重、旅游市场价格持续走高等现象出现。这些都是利益不均衡的表现。因此，就我国现状而言，特别在疫情之后，需要政府管控并且发挥一定的市场力量，将政府的角色引导到对市场的监管和调控中来，实现旅游利益均衡，全面衡量旅游目的地，发挥政府在宏观把控方面的角色。

三、旅游可持续性发展趋势

自第二次世界大战之后，世界旅游业成为诸多产业中发展最快的产业之一，旅游业在推动经济发展、提高就业率等方面起着基础性的稳定作用。另外旅游业在绿色经济中的重要性受到各国政府的关注。因此，随着人类社会不断发展，旅游业也随之呈现新的增长态势。但是，旅游业的发展依托于外界环境，由于依赖性，它存在自身短板，一旦所存在的外界环境遭到破坏和打击，旅游业势必受到影响。如全球暴发新冠肺炎疫情之后，旅游业增长呈现停滞甚至负增长态势。在我国，旅游业的发展也受疫情的控制情况波动。当疫情得以暂控，多数景区景点恢复营业时，即刻出现旅游报复式增长，如 2020 年的“五一”黄金假期，全国国内出游人次达 2.3 亿，同比增长 119.7%。在这样的特殊时期，人们对健康的日益关注，以健康功能为导向的康养旅游、康养旅居受到推崇；同时受疫情的影响和防控需要，比起远距离的旅行，旅游者更青睐于周边游。因此，针对旅游可持续发展，较为突出的发展趋势如下。

（一）旅游者的需求向着更多样化、个性化、高质化趋势发展

旅游者始终是旅游活动的主体，旅游者的数量与需求是旅游业发展的决定性因素。随着社会经济的发展及人们生活条件和环境的改善，旅游活动将进一步趋向大众化、生活化。主要表现在：首先，从社会人口变化趋势来看，人口老龄化的趋势将会越发严重，老年人是经济发达国家拥有自由支配收入和闲暇时间最多的社会阶层。随着老龄人口的增加，这部分稳定的旅游市场将会不断扩大；成年人单身比例将会扩大，无子女夫妇的比重也将增加，这部分人大多数花销用于娱乐、旅游、餐饮等方面。其次，人们受教育程度普遍提高，对外出旅游的兴趣、审美也因此得到改变。旅游观念在满足单纯的娱乐消遣外，旅游高质量的经历往往比实际的纯粹享乐更受推崇，如更多为了增长阅历、增长知识、促进交流、修养身心等强调个性化与自我参与将可能是未来旅游需求的主要趋势。最后，随着经济的增长，人们在满足了基本需求层次之后，开始向自我实现和自我表现层次方向发展。人们追求新奇和个性化的心理特征将更为突出，对旅游的心理预期有所提高。在旅游需求方面，除保证人身、财产安全外，新鲜感和心理满足感将起到更大的决定作用，对于旅游高质量需求将与日俱增。总之，多样化、个性化、高质化的旅游需求将成为未来旅游的一大趋势。

（二）国家的宏观调控，实施产业政策的重要性将变得更加突出

旅游业能促进各国各地区之间人们的相互交流和理解，但也对接待国和地区产生极大的社会文化影响。随着旅游业开放程度的加大，旅游给接待国和地区各方面带来的影响将进一步加深，这种影响主要表现在经济、社会、环境三个方面。正因为旅游业发展中的负面作用，所以加强宏观调控，适时进行旅游业的规划与调节，对旅游可持续发展也就显得更加重要。例如，可采取以下措施：制定旅游建筑的规范和标准；各接待国对旅游者的增长要做好预测和准备；采取经济和行政的手段来调节、控制旅游者的流量；提高从业人员的素质；制定旅游业的服务标准和规范等。

（三）绿色观念将成为旅游资源开发和旅游业发展的方向和理念

要保证旅游未来的可持续发展，必须以绿色开发作为旅游资源开发利用的方向。所谓的绿色开发就是在旅游资源开发的过程中，始终以可持续发展作为最高的目标，以追求开发效益来替代传统的追求规模的开发模式，充分利用可再生的旅游资源，合理保护不可再生资源，并广泛利用社会资源。从现状来看，我国旅游资源的开发还处于追求开发规模的初级阶段，深度开发、深化利用不够，而这种粗放型的资源利用方式带来的后果可能是景点遍地开花，但是缺乏精品。这种粗放式开发的景点生命周期较短，不能保持永久的生命力，因此，在旅游资源开发中深化利用、追求效益和延长生命周期，是一种必然的趋势。另外，环境是旅游发展的基本和最重要的因素，也是旅游业的主要卖点之一。从旅游发展规律来看，绿色观念是旅游可持续发展战略的内在和必然性要求，它着重于旅游发展的环境效应，同时要求旅游者以及开发者自觉保护赖以生存和发展的环境。对于旅游产品也逐步向绿色化趋势发展，即包括服务于旅游的旅游工业、旅游农业、旅游交通等，以及服务于旅游者的旅游景区、旅行社、旅游饭店等产品的开发、生产、经营、促销等都建立在可持续发展的原则之上，并突出环保意识，加强环保观念，不破坏环境。

第三节 环境与旅游可持续发展

一、环境与旅游

对旅游业来讲，自然环境是旅游资源赖以生存的基础，是吸引旅游者的重要因素。自然环境与旅游业的利害关系，决定了旅游业一开始就需要采取措施保护环境。因此，旅游在一定程度上强化了人们的环境保护意识，通过对于环境的保护，给予旅游者更佳的旅游体验感。同时，旅游业对环境保护工作的推动，也带来局部环境质量的提高。旅游业不但局部提高了人文景观的环境质量，也改善了自然景观的环境质量。但是，旅游对自然环境的影响既有积极的一面，也有消极的一面，如给自然环境带来新的污染，如水质污染、空气污染……因此，旅游的发展需要考虑与环境保护的平衡。

二、旅游政策与环境

环境保护工作是全人类普遍重视的一项系统的复杂的工程，但并不是从旅游开始的。旅游在提高人们环保意识的同时也用实际行动推动了环境的保护工作。旅游活动与环境保护的平衡离不开相关旅游政策的制定与实施，具体表现在：第一，旅游活动推动了旅游环境保护立法，丰富了环境保护的法律体系。第二，旅游活动推动了自然资源的整治、修饰和管理，促进了自然环境的保护工作。第三，旅游业的发展，为自然环境的保护工作提供了资金保证；特别是在一些国家和地区，环境保护工作和旅游政策落实工作的资金很大一部分来源于旅游收入。

三、旅游环境与可持续性发展

对于一个旅游目的地来讲，可持续发展的核心问题是该地环境的可承载能力。旅游的承载力具体指在一个旅游目的地不至于导致当地环境质量和来访游客旅游经历的质量出现不可接受的下降这一前提之下所能吸纳外来游客的最大能力。在世界各地旅游发展过程中，有的地方的确出现了严重的环境问题和社会问题，而有的地方则始终维持了环境和社会的健康发展。这一事实一方面说明这些环境和社会问题的产生并非发展旅游的必然结果，另一方面也促使人们去考虑这样一个问题，即为什么旅游的发展在某些地区没有形成明显的或不可接受的消极影响。致使旅游的潜在消极影响转化成严重的现实问题都是有其条件的，其中一个重要的条件与目的地旅游承载力有关，特别是其中的生态环境承载力。因此，这无异于告诉我们，对于任何一个旅游目的地来说，实现旅游可持续发展的根本原则在于，旅游开发规模和接待旅游者来访的数量都必须控制在既能使旅游活动可持续长期开展，又不会给目的地环境造成严重或不可逆的影响之内。在这个意义上，根据承载力强化旅游发展管理以及实现旅游环境与可持续发展平衡具有重要意义。

四、旅游可持续性发展的影响

结合我国具体国情，实现可持续发展是我国通向长治久安、繁荣昌盛的必由之路。尽管人们在传统上一直认为我国地大物博，是一个资源大国，但我国的自然资源状况有很多不尽如人意的现实问题，主要表现在人均数量庞大，空间分布与生产力分布状况不匹配，资源质量高低差别大等方面。经实践证明，我国以往的粗放型经济方式已走到尽头。旅游业是一个兼具经济、文化和环境功能的产业，旅游业的可持续发展对我国实施可持续发展具有重大意义。

具体来说，第一，旅游业可持续发展是我国可持续发展战略的重要组成部分。旅游业是实施可持续发展的前沿领域。在所有产业中，旅游业是同自然资源和社会文化资源交集最多，对环境依赖最强的产业。其可持续的衡量尺度之一便是能使旅游者获得高质量旅游经历的同时，维护好当地居民赖以生存的美好居住环境，有效提升旅游者与当地居民的幸福指数，因此，意味着对旅游目的地环境和旅游资源的质量要求很高。旅游业的发展状况不仅直接反映一个国家或地区可持续发展战略的绩效，而且对于一个社会来说，在很大程度上也是检验可持续发展落实程度的试金石。第二，旅游业在一定程度是提高公众环保意识和可持续发展意识的教育阵地。当旅游者回归于安静优美的环境中，依托的是自然环境；同时在接受旅游服务的时候也是传递开展环保意识和可持续发展教育思想的好方式。第三，从对旅游业自身发展来看，可持续发展是我国旅游业健康发展的必由之路。“绿水青山就是金山银山”，以自然环境为概念的旅游资源是一个旅游目的地能够吸引旅游者来访的基础或是旅游吸引力得以产生的根源。传统的一味追求数量增长的粗放式旅游开发模式，将可能造成旅游业开发方式不当并对环境和旅游资源造成破坏，因此旅游业的生存有赖于自然环境以及对其自然恢复能力的维持，因而是一种更应该坚持奉行可持续发展理念的活动。

思考题

1. 请结合旅游的定义及基本特征，列举出实际生活中可能存在的旅游动机。

2. 旅游的产生由哪些主要因素促成？

3. 请结合实际，总结归纳出旅游与旅行存在的区别。

4. 请详细说明旅游可持续发展主要包含哪几个方面，这些方面的发展会对旅游可持续发展造成怎样的影响？

5. 当下旅游者对旅游的需求与以往有哪些不同？对旅游的可持续发展有何启示？

第二章

旅游对自然环境的影响

研究旅游影响与旅游者二者之间的关联性，有些人从社会和文化影响人手，因为人们受到旅游发展的影响；另一些人从经济影响开始，因为旅游是一种产业，所有的产业都受到经济的驱使。本章主要从自然环境影响开始，因为在人类和经济产生之前自然环境早已存在。

旅游自然环境主要包括旅游景区的自然资源环境和旅游生态环境。自然资源环境主要包括水资源、土壤资源、自然景观资源、自然能源等。生态环境包括土壤、地质、水文、气候、大气质量、动植物资源等。旅游环境的影响因素主要包括自然因素和人为因素两大类。自然因素主要包括地震、泥石流、滑坡、火山、海啸、洪水等。自然因素对旅游环境的影响往往最为致命且影响最大。人为因素主要有两大类，一类是为了开发旅游而对旅游环境造成的影响，一类是游客或其他人员的不当行为对旅游环境造成的影响，这类影响相对自然因素而言影响较小。不幸的是，几乎所有的人类活动都会让环境做出某种牺牲，旅游活动也不例外。在旅游活动中，美丽的热带岛屿和高耸的山脉是游客的首选，而它们在旅游活动的作用下，表现得很脆弱，因此也有必要首先了解旅游的消极影响。这并不代表在反对旅游，只表明对旅游的某些方面的研究与关注。在本章第二节，我们会学习旅游活动将间接促进环境改良。我们应该知晓，如果旅游规划合理，那么许多问题会减少或可以避免，并在一些情况下消除对自然环境的消极影响。

旅游对自然环境的影响既是直接的，又是间接的，在本章中两者都将讨论。就直接影响而言，大多是旅游者自身的行为对自然环境造成的破坏，旅游对雨林和珊瑚礁的过度使用和破坏就是最为直接的例子。间接影响的产生是在人们服务游客时产生的，而不是游客本身引起的。间接旅游毁坏环境的例子较多，比如因建造度假胜地和旅游配套设施、改扩建自然景观、生产旅游纪念品而对野生动植物产生的破坏等。

为方便理解，我们将环境分为自然环境和人工环境，本章主要讲述自然环境。在自然环境范畴内，旅游的消极影响非常明显。本章先讲述消极影响，再讲述积极影响。我们将首先分析旅游对地理的影响，然后是水和空气质量，再详细分析植被和野生动植物、非野生动植物，最后分析三个生态环境——旅客最为青睐的旅游目的地——海岸线、海洋岛和山脉。

第一节 旅游对自然环境的消极影响

旅游和人类其他活动一样,会对环境产生各种影响。如果你每天在同一片雨林里走相同的一条路,最后你会在雨林里走出一条路来,只不过是时间问题。植被腐烂后,开始侵蚀,原来的路变成沟壑,如果沟壑变大,阳光就会直射先前的森林地面,改变那里的植被。植被改变后,动物也会发生变化,这样,仅仅在森林里不断走路,就能对环境产生影响,可以说是旅游蝴蝶效应。按照这个逻辑分析,我们则可以预见到大量游客的到来将会对自然环境造成怎样的影响。

一、自然环境要素

(一)地理——基岩

一个地区的基岩如果没有经历千万年时间的沉淀、气候的变化和地理的演变,是一定不会存在的。但经历过千万年的基岩是如何被游客损坏的呢?事实上,除了在某些特定地区以外,旅游对地貌产生的损坏通常是不明显的。

游客收集矿物、岩石和化石的标本确实会对地貌造成不利影响,特别是在存量稀少的地区。某些景点基岩中的矿石、化石的确会吸引游客有意或无意的收集,但如果由于收集者们狂热的收集而导致它们的消失,那么旅游者来此地的最初原因也将随之消失。

1.基岩破坏的表征

收集标本造成破坏是以“积极”和“有组织”的方式出现的。旅游者活动造成的破坏是消极和无组织的,完全是随意、不负责任地破坏文物,在洞穴体系地区这是一个严重的问题。方解石(石笋)是在洞穴中自然形成的,这些石笋如果被不纯的矿物着色,就会变得五彩斑斓、大小不一;它们有的小如编织针,有的却大如坑柱,都是经过几千年才形成的。游客很容易因好奇或受到诱惑而从其顶部、根部或洞穴墙上将其摘除下来,拿回家做纪念品。几千年形成的东西在顷刻之间被破坏。虽然并非所有石笋的破坏都是有意的,但在勘探和参观洞穴时很容易造成意外的破坏。比如在勘探时,外界机械的震动、人为力度较大,或者意外踩踏、磕碰损坏等;在挖掘时,仪器使用不当、药剂使用不规范等也容易造成损坏;当游客游览参观时,拥挤、打闹、坠物等无意中也会使得原标本物、自然石笋等发生不同程度的损坏。

拉斯科洞穴是旅游影响洞穴体系的有趣案例。该洞穴位于法国韦泽尔峡谷,于1940年首次被人发现,洞穴的主要景观是古代人工绘画,但洞穴自身是纯自然的。该洞穴1948年开始对外界游客开放,众多游客前来参观游览。因游客人数涌入过多,壁画暴露在开放环境,因此在经历十多年外界因素的影响及游客的损害后,洞穴及其内部的绘画已经创伤累累,使这原本珍贵的古迹受到了不可挽回的伤害,而不得不在1963年被永久性关闭,以此来保护这非凡的艺术。

如何管理洞穴体系?怎样做才能既可以保护洞穴内的绘画、石笋、化石等奇观,同时又可以开放供游客观赏?不同的旅游活动或者商业活动等对自然景观造成的破坏的大小程度各异。攀登造成的悬崖表面侵蚀，采集挖掘化石和矿物等，对环境的影响尤为突出。旅游商户有时为了商业目的，采集化石或矿物标本，再卖给游客做纪念，从而造成地质环境破坏。在许多地区旅游对地质影响是微小的，但在特定的地区却是严重的，这些问题的成因包括标本采集活动、恶意破坏文物、商业采掘、销售纪念品等。其他旅游影响还包括雕刻、铭刻使岩石外貌受损，登山者由于攀登而改变了岩石表面特征等。

2.基岩的可持续性保护开发

由于洞穴、壁画、石笋、化石、自然地貌的形成需要时间并受自然地理因素的影响，是不可复制的、一旦损毁就无法再生的资源。为保护其发展、研究和观赏的价值，做到可持续性开发保护，这类的旅游资源也倍受各地政府、科研人员、自由组织者和个体的关注，希望能寻求最有效的可持续性发展的方法。

(1)政府组织。政府作为资源保护的主导者，在自然资源、历史文物、人文产物的保护中起着决定性的作用。在历史的进程中，政府作为社会秩序的管理者、社会发展的引导者，其地位和威信早已在人民心中亘古不变。

完善制度的规范性，制定保护开发的标准。“十四五”规划中提到“推动绿色发展，促进人与自然和谐共生”“提升生态系统质量和稳定性”，不仅是在开发中发展经济，更要从保护的角度出发，保护自然资源的稀缺性、不可再生性。制度的完善是先行军，在标准下去做好保护工作才能提高保护效率，减少对资源的损坏程度。为保护完整的喀斯特熔岩地貌，减少游客的损坏，位于贵州中南部的黔南布依族苗族自治州出台了《黔南布依族苗族自治州熔岩资源保护条例》；为防止对化石的滥采乱挖、走私倒卖等现象出现，辽宁省颁布了《辽宁省古生物化石保护条例》等。此类条例、办法、制度在我国各资源保护区域已被制定落实。

严格执行市场监督，为资源开发保护维护秩序。政府监督人员恪尽职守，防止文物走私和倒卖、环境破坏等行为在市场“潜水”，扰乱市场秩序。石笋、钟乳石千百年形成不易，在旅游和其他活动中易被损坏。2019年4月，山东沂水县天然地下画廊的钟乳石遭受游客破坏，这不仅仅违反了治安管理办法，更是对名胜古迹的蓄意破坏。此类情况也在多处景区出现，甚至存在游客在壁画、古迹等显眼处涂鸦“某某到此一游”“张某与李某恩爱一生”等，将个人不文明行为以破坏文物古迹的方式凸显出来。对于此类破坏景观的行为，执法部门应严格执法，对这些游客做出相应的处理。只有肃清旅游市场破坏行为，保护资源稀缺性，才能保证此类一旦被破坏便无法弥补的资源的可持续发展，而在这其中，政府起决定性作用。

(2)科研团体。科研队伍是稀缺资源的挖掘者，是旅游资源的探索者。科研队伍大致分为两类，一类是学术研究者，为旅游资源的开发、规划共享理论指导等；一类是科考实地探险者，探索自然资源，发掘历史古迹，将隐性的自然资源、宝贵的历史文物通过现代科技手段展示出来，让更多人知晓自然的奥秘和历史的轨迹。

学术研究者是个人或团体利用已有的知识理论体系、经验等对科学问题提出假设，通过分析、探讨得出结论；其结论符合事物发展的客观规律，是对未知科学问题的探索解决。在各学界以各自的专业特长、学术范畴、涉猎领域为主，以学术为核心的科研团体不计其数:社会学、经济学、管理学、力学、历史学、旅游学、人类学、心理学等。旅游学术研究团体中以保继刚、谢彦君、吴必虎等学者为引领,在旅游界做出不少理论贡献,为旅游研究做出理论指导。

科考实地考察人员是以自身奉献,亲自前往目的地对资源进行挖掘与探索。在旅游研究中,最具代表性的案例是“张大千敦煌壁画破坏事件”。20 世纪 40 年代,张大千会同多名弟子远赴敦煌,临摹敦煌壁画,而此时却又传出了张大千在敦煌破坏壁画的消息。但正是在张大千的临摹下,通过其画作,世人才认识了敦煌壁画,使得这一历史古迹得以被重视和保护,更是以此发展旅游,让敦煌壁画、莫高窟等逐一被挖掘、打造成旅游景点。实地考察研究人员是资源挖掘的前线人员,他们尽可能地保护发掘最原真的旅游资源,不仅仅是保护资源的本真性,更是对历史、自然的敬重。让这些宝贵的资源以最原始的面貌呈现在游客的眼前,让游客感知历史的变迁,增强游客的感知度。

(3)自由组织和个体。所谓自由组织和个体,是指以保护历史文物、收藏珍贵历史展品、降低其破坏程度、还原历史真相为目的的民间自发组织的非营利团体组织或者个人。这类人员和组织包含了文物收藏者、爱国主义者、历史学者、媒体人员、民间非营利组织、研究所、博物馆等,所包含的人员组织较多、涉及范围较广、跨度行业大,但都以尊重历史、保护资源为目的。

2021 年 5 月 8 日,甘肃省敦煌研究院“古代壁画保护国家文物局重点科研基地”同陕西省历史博物馆以及西北工业大学“馆藏壁画保护修复与材料科学研究国家文物局重点科研基地”签署了框架合作协议,强强联合进行壁画保护研究,保护我国优秀文化遗产。

中国文物保护技术协会是我国文物科技工作者的学术性群众团体,成立于 1980 年 12 月,是以故宫博物院为依托单位,由全国从事文物保护的科技人员自由组成,具有学术、专业、公益性质的科技团体。

此外,还有不少志愿者、商家、文物收藏者将文物捐献给国家,力求最好的保护和发展。张伯驹无偿捐献价值 1136 亿的文物;1956 年孙瀛洲向故宫博物院捐献了 3000 余件文物,表现出高度的责任感,为文物保护也做出重大贡献;在美国的一对华侨夫妇,联合多位海外侨居的爱国同胞及国内人士共同出资购买文物并无偿捐献给祖国。现如今不少流失海外的文物都会被国内收藏者、企业家购买回国,更有一些爱国人士无私捐献给国家,例如何鸿燊将圆明园的不少文物从海外购买回国并无偿捐献给国家。

(二)水质

水质的优良程度,对人类生活影响很大。由于农业、工业和社会活动已经对水质造成一定的污染,旅游活动又与人类社会活动相互交错,所以很难准确评估旅游活动对水质的影响。然而在有些地区,我们却能够清楚判断出旅游活动对水质的严重破坏,主要是对湖泊、河流和海岸水质的破坏,这些都是因为旅游和娱乐的过度使用所致。无论国际还是国内,湖泊、河流和海岸线旅游是游客选择的主要方向,而其水质的好坏严重影响着游客的选择,同时也影响着旅游地的发展规划。

1.水质破坏的成因

水是生命之源，但也是最脆弱的生态系统，水质很容易受到周边环境的影响。在以水环境为主要依托的旅游区域，造成水污染的途径大致分为三类：城市生活用水污染、农业工业水污染、旅游活动期间的人类行为造成的水污染。导致水污染的原因也有多种，例如治理不善、追求利益、生活便捷等。水质一旦被周围环境破坏，对旅游的影响就是致命一击。

在城市生活区域，以水资源为主的景区中，生活污水是主要的污染来源。在景区环境周边，住宿业与餐饮业较多，形成大量的生活污水，未经过合理的处理就进行排放，对周边的水质造成了严重的污染。经济发展期间，工农业大肆兴起，以发展经济为建设目标，在修路、架桥、拦河坝、景区建设等基础设施修建中，在农业扩产、农药喷洒等农业活动中，大量的工程废水、重金属物质、农业化学物质的排放对水质的污染更是毁灭性的。大力发展旅游业的时期，游客的不当行为是造成水污染的又一重要缘由：游客乱扔垃圾等固体废弃物不仅对环境美观造成影响，同时在一定程度上导致水污染。游客的这类行为造成水污染的途径有两条：一是废弃物被直接丢弃致水体造成污染；二是被雨水、山体水等冲刷后形成的水污染。因此了解水污染的源头和污染途径是找到治理方法的首要前提，只有减少水质的破坏，降低水污染才能提升游客的旅游体验感，吸引更多游客到访。

2.水质对旅游目的地发展的影响

旅游目的地的发展与旅游资源密切相关。旅游资源合理利用、有效利用、可循环可持续利用是对旅游目的地最重要的积极影响。其中，水资源占旅游资源比重较大的景区，水质的好坏直接影响旅游目的地的生存，是旅游目的地的生死命脉。一旦景区水质受到影响，旅游的流量将会减低，直接影响游客到访、经济收入、景区规划发展等各个方面。

20世纪中叶，大量生活污水、工业用水被排放至莱茵河，莱茵河污染加重，使得莱茵河变成了“欧洲下水道”和“欧洲公共厕所”。1986年11月，瑞士巴塞尔市一家化学工厂爆炸，大量污染物流入莱茵河，造成莱茵河生态系统严重破坏。沿河而居的居民生活受到严重影响，旅游业的发展更是不进则退。莱茵河流域在多国的综合治理下，水质状况才得以改善，随后旅游产业发展大获成功。我国也有类似莱茵河治理的旅游发展案例。湘江是湖南省最大的河流，全流域面积占湖南总地域面积的45%，是湖南人民的母亲河。但早在经济快速发展期间，由于工业和生活废弃水的大量排放，湘江流域生态环境和自然生态系统遭受严重破坏，遏制了旅游业的发展。因湘江与莱茵河在河流长度、通航期限、年径流量、悠久的历史文化发展和丰富的旅游资源方面存在较大相似之处，所以，湖南省借鉴莱茵河的发展经验，编制了《湘江旅游经济带建设总体规划》，构建多元旅游交通格局，建设打造立体旅游产品。

3.水质对游客目的地选择的影响

许多旅游活动都需要良好的水质，游泳、划船、钓鱼、现代水上乐园等水上活动都对水质有着很高的要求。因此水质也影响着游客对旅游目的地的选择。靠海的旅游消遣通常方式是吃当地海产品，而海产品很容易受到水质影响，一旦受到影响后便很可能成为某种疾病的传播源。这不仅影响旅游发展，甚至会引起食品安全问题，危害人们身体健康，更会为当地旅游带来负面影响。

许多水源周边的旅游配套设施和娱乐船只都没有足够的污水处理设备,污水被直接排放到海滩、湖泊和河流,形成潜在的问题。除了不美观外,旅客使用了这些资源后会产生潜在的健康危害。水中养分过多形成富营养化过程,导致湖泊水草过度生长,把水变成"脏绿",水草的过度生长会使水中氧气缺乏,这样会减少鱼的数量和品种并降低鱼的生长率。娱乐船只的螺旋桨转动使水变得浑浊,对水中自然生态系统产生影响。船在水中行驶,螺旋桨转动使水不断侵蚀水岸;从摩托艇中渗出的汽油也产生着另一种潜在的危害。对于这类污染较为严重或者过于明显的水域旅游区,为了旅游体验、身体健康、拥有愉快的旅游假期等,游客会在选择旅游目的地时主观、有意识地忽略该景区——忽略水质被污染地区,从而选择水质较好、环境优美的景区来替代原本想去的景区。

湖泊、海岸都属于游客旅游目的地选择的重要候选,但一旦被污染,就会直接导致游客减少,特别是在互联网的时代,负面信息更是可以在短时间内到达各大网站、客户端,直接传达到游客。云南丽江古城中的水系资源是景区的一大景观特色,但曾经一段时间,由于古城旅游发展速度过快、保护措施不到位,古城内的水体、水质大幅度下降,不仅对古城内的水资源循环利用造成困扰,并且水质的恶化已经严重影响到当地经济发展、居民生活质量和环境质量。在统计之后发现,此期间的旅游也受到严重影响。游客在到达丽江后,游览过玉龙雪山、看过"丽江千古情"后便匆匆离去,在古城的停留时间缩短,过夜游客也大大减少。因此,相关管理部门实施了相应的管理措施,整治水资源,优质处理,实现可持续发展,经过不懈的努力,丽江古城再次成为让游客流连忘返之地。

虽然许多水质污染不能完全归咎于旅游活动,但在某些地区这确实是一种起因,如河流流域、湖泊和海岸,水污染不仅仅是对水本身,更大范围的影响是疾病和依赖水而存在的生命。这也引来众多以水资源为依托的景区开始重视和改良水资源管理方案,实现水资源优化优质和可循环利用。

(三)空气质量

旅游对空气质量的影响与诸多因素密不可分。燃烧燃料、工业生产排放、交通运输排放是对空气质量直接造成污染的主要途径。空气污染所呈现的形式是肉眼难以看见的,对人体的伤害也是无形的,对旅游的影响也是巨大的。

1.燃烧燃料废气排放

燃料(煤、石油、天然气等)的燃烧过程中,大量污染物被输送至大气中。煤炭是主要的工业和民用燃料,它的主要成分是碳,并含有氢、氧、氮、硫及金属化合物。煤炭在燃烧时除产生大量烟尘外,在燃烧过程中还会形成一氧化碳、二氧化碳、二氧化硫、氮氧化物、有机化合物及烟尘等有害物质。火力发电厂、钢铁厂、焦化厂、石油化工厂和有大型锅炉的工厂、矿产开采企业都是用煤大户。城市居民区分布广泛、人口密度大,虽然煤炭的消耗量已经比以前大大减少,但是天然气的消耗和燃烧排放始终居高不下。在一些乡村景区内,不免会有农家、本地居民、民宿聚集区等,日常生活所用生火物除了煤炭,还有秸秆、木枝等,日常生活的燃烧排放高度很低,再加上无任何处理,所排出的各种污染物含量往往不比高消耗型企业低,在有些地区甚至更高。

一般这类使用煤炭、天然气等燃料的企业都坐落于城市郊区，远离市中心，但空气的污染与城区和郊区之间的距离关系不大。空气对流、风向等可以使得郊区被污染的空气在整个城区区域蔓延。旅游景区属于人烟聚集区域，人流量较大；当空气中弥漫着刺鼻气息、颗粒物，空气能见度较低时，旅游人群会下意识离开景区。现如今在旅游目的地选择中，游客会选择环境较好、空气质量较高的旅游区域。当游客来到乡村旅游，体验当地风俗民情，就村寨民宿而居，烟灶炭火、炊烟袅袅，虽能让游客深度体验感十足，但在一定程度上依旧对空气质量造成了不良影响，长此以往，该乡村景区很难保持较高的空气质量，难以做到旅游资源的可持续利用，最终难逃倒闭结局。

2. 工业生产过程中的废气污染

工业生产过程中排放到大气中的污染物种类多、数量大，是城市或工业区大气的主要污染源。工业生产过程中产生废气的工厂类型有很多。例如，石油化工企业排放二氧化硫、硫化氢、二氧化碳、氮氧化物；有色金属冶炼工业排出二氧化硫、氮氧化物以及含重金属元素的烟尘；磷肥厂排出氟化物；酸咸盐化工工业排出二氧化硫、氮氧化物、氯化氢及各种酸性气体；钢铁工业在炼铁、炼钢、炼焦过程中排出粉尘、硫氧化物、氰化物、一氧化碳、硫化氢、酚、苯类、烃类等。总之，工业生产过程排放的污染物的组成与工业企业的性质密切相关。

在我国最成功的工业旅游案例中，河南安钢工业旅游景区的转型，成为多个工业转型升级的领跑者。安钢积极推进引领全产业链低碳转型，成为全国第一个实现全干法烟气治理的钢铁企业，使得“只见满是涂鸦的烟囱却不见烟”成为安钢的一大美景。钢铁工业锻造、冶炼等所排放的气体通过烟囱直接排入大气，对城市的空气质量有着严重的危害。安钢秉承“生态优先，绿色发展”的理念，以最高标准推进企业的绿色改造发展，努力积极创建绿色工业旅游景区，坚持治污减排协同发展，不仅止住了污染源头，更是将厂区转型升级为优质旅游景区。安钢制定了“国企党建游、钢铁工业游、科技研学游、生态环保游”4 条主题游览线路。安钢 3A 级旅游景区于 2020 年正式投入运营。

“绿水青山就是金山银山”的“两山”理论指引着我国社会经济的发展，为生态环境保护、旅游发展路径提供了引导。

3. 交通运输过程中的空气污染

现代交通工具如汽车、火车、飞机、船舶等排放的尾气是造成大气污染的主要来源，而运输过程中排放的空气污染是多方面、范围较广的：内燃机燃烧排放的废气中含有一氧化碳、氮氧化物、碳氢化合物、含氧有机化合物、硫氧化物和铅的化合物等多种有害物质。由于交通工具数量庞大，来往频繁，因此污染物的排放量也非常可观。

海路和铁路运输因道路运输方式和所涉及环境领域不同，实际上对空气质量影响不大，污染较小。海路与铁路运输中经过的地区，地域宽阔，空气流通较为扩散，因此在这些地方，虽然旅游巴士、私家车和出租车都会对空气产生污染，但是与整个城市形成的空气污染比较不太严重。随着经济的快速发展，人民生活水平的不断提升，越来越多的市民购买汽车，导致城市尾气排放大大增加，对城市空气造成严重污染。同时因空气流通影响，道路交通对空气产生最严重污染的地方是市区中心。城市中心因交通运输中排放的废气所形成的热岛效应是对空气污染最重要的因素。据调查统计，在全球范围内已达到上千个不同等级的城市出现城市热岛效应，并且在南北半球的各个纬度均有分布。在中国气候中心专家任国玉教授等人的研究中发现，中国大多数城市站点的温度观测数据都受到城市热岛现象的影响。随着旅游的进一步发展，近年来，众多旅游从城市转战乡村，乡村旅游被推上前端，以至于空气污染的遍布范围延至乡村地区。

在乡村旅游中，交通运输对空气造成的污染十分明显。乡村地区原著村民多以焚烧秸秆、柴火、木炭等供日常生活所需，空间地域广阔，对空气造成的污染相对较少，加上乡村地区环境较好、绿植较多，对空气有着净化的作用；国家大力倡导的降低排放、植被恢复等政策，禁止秸秆焚烧、乡村垃圾统一收回垃圾站处理等，也使乡村的空气质量得到了一定的改善。原本空气环境较好的乡村、郊区地域，车辆较少，少有工业生产，污染物排放量较少，因此污染源也能机动调整。乡村旅游的兴起，不仅使旅游迅速发展、经济快速增长、居民收入提高和幸福感增强，同时也导致了乡村地区原本较好的空气受到严重污染。人流量逐渐加大，汽车的便捷度使得乡村旅游已经成为汽车旅游的趋势。每当节假日，各大景区、乡村、高速等都已被汽车包围，此时的空气环境质量也大为下降。

4.空气环境质量影响

全球范围内，空气质量从人类文明起始就已经发生了微妙变化，从农耕时代到工业时代再到信息化时代的逐年发展，空气质量已经大不如以往。就好比在半封闭空间内燃烧烟火，在照亮空间的同时也在污染空间内的空气。而影响这一大变化的主要因素在于人类活动的频繁开展，一味发展政治、经济、文化等促进社会不断前进，但却忘了可持续发展。作为高等生物的人类如今是地球资源的主要使用者，因此更有义务维护好自然环境、空气环境和资源的可持续发展，为人类和其他生物创造良好的生存环境。空气环境质量不仅影响人体健康，还影响旅游的发展。在旅游迅速发展的今天，如果不治理空气污染，将导致旅游逆向倒退，不只是环境的严重破坏，更是经济社会发展停滞、倒回的一大隐患。

研究发现，空气中21%的成分是氧气，是人类在地球生存的重要条件。空气质量与人体健康密切相关。空气污染是多种疾病发生的重要因素，比如心血管疾病、呼吸系统疾病、肺癌等，空气中不同的污染(一氧化碳、硫化物、可吸入颗粒物、氮氧化物等)对人体不同的系统和器官产生不同程度的损害。而对于景区环境较差，空气质量不佳，甚至是未达标地区而言，旅游者更会避开此类地区，减少到这类地区旅游。同时，在信息化时代的今天，这类负面信息迅速扩散到更多地区和人群中，当景区负面信息积累并遍布在网络群众中时，那么这对旅游景区发展的影响是空前致命的。游客拒绝到景区游览，那么景区存在的意义就不复存在，景区也将失去活力并且在一定程度上出现倒退。景区的发展除去国家政策补贴以外，大多靠自身发展获得经济收入。而当游客避开这些空气质量不佳的景区而选择其他游览目的地时，景区的经济收入及当地的经济发展将受到牵连。

景区环境、空气、水等基本要素是游客考虑的重要因素。景区环境糟糕、破坏程度较大、空气质量较差、水环境污染严重不仅是在劝退游客，更是拖当地经济社会发展的后腿。因此，《中华人民共和国环境保护法》《中华人民共和国水污染防治法》《中华人民共和国文物保护法》《环境空气质量标准》等一系列法律条例和标准被颁布实施，要求在发展旅游、发展经济的同时，注重保护环境，维护生态平衡。

二、旅游与动植物的关系

（一）旅游和植被

植被是自然环境的一个重要组成部分，在某些情况下还是主要景点。在国外，著名的植被景区有悉尼西部的蓝色胶树林，美国南达科他州黑山的云杉树、加利福尼亚州的红杉，新西兰的贝壳杉树林，芬兰的松树，英格兰的石林，都是因特殊植被而得名的旅游景点。而我国拥有著名的张家界国家森林公园、云南西双版纳原始森林景观（植物王国）、广东肇庆鼎湖山亚热带季风常绿阔叶林（北回归线上的绿宝石）、安徽金寨天堂寨国家森林公园（中华植物王国之最）、苏州天平山的“五色枫”、吉林的红叶谷、海南尖峰岭国家森林公园、陕西终南山国家森林公园等大小不一的植被景区。这些景区不仅在生存环境中为人类提供氧分，同时也为人类欣赏摆出最好的姿势。

在一定环境下，过量的参观、旅游会导致现存植被受到严重的损害。采集花卉、树木和真菌类植被会改变其所处环境的物种结构。环境的细小变化都会引起植被生存环境的改变，水分是否纯净、阳光是否充足、土壤酸碱度大小是否适度等，都会对植被的生存环境产生影响。更有甚者，如果营火失控便会引起森林火灾，这不仅是对植被的大面积损伤，更是危害到人类和动物的生命安全。国内外每年因为不小心使用营火而造成的森林火灾案例不计其数，其中法国的地中海沿岸、美国加利福尼亚和澳大利亚许多地方经常受到山林大火的破坏，中国的甘孜、阿坝、凉山三州森林火灾也时有发生，对人民的生命财产安全造成重要伤害。

1. 植物成长的环境变化

在森林里建造野营地会对营地附近的野炊地和道路上的树木造成毁坏。在现代旅游中，露营已经被广大游客所青睐，在野外露营，不仅可以近距离与自然融合，同时也能使自己全心放松更加投入整个露营中，增强游客的体验感和新鲜度。面对大城市的工作和家庭压力，居民身心疲惫，而野外露营是大多城市居民的优先选择，是释放压力逃离现在环境的最优选择。而这一倾向则会对露营地区造成各种损伤。有意砍伐幼木制作帐篷支柱和作为柴火会改变植被区的年龄结构；倾倒垃圾不仅看上去不美观，而且还影响土壤的营养状况，阻碍幼苗接受空气和阳光；过分践踏会严重损害植物幼株，影响生长率，引起濒危物种灭绝。

旅游活动对植物的生长环境产生不同的影响：影响种子发芽和苗木的成活，因此现在我国多地区林业工程处多以育苗为主，移植培育耐活且生存能力更强的植被；影响植物的生理及形态，不少嫁接植物已被完成实验投入培植当中，为各大景区、城市环境提供更优质、更能增加观赏度的植被；影响植物的高度和阻碍成长，根据植被的使用目的、所发挥的作用性和周围环境的限制，可以达到人工精准培养，控制植被的生长大小、高度等；影响植物开花结果，现如今不少植被的花期延长，甚至一年多季花期被培育出来供使用者使用。

对于植被，还有很多重要的间接影响，因为植被区一旦被损坏或破坏，下面的土壤就容易受到侵蚀，被冲刷形成沟壑。在沙丘地区，植被遭受破坏后形成“沙丘坑”，留下巨大的被风吹成的坑洞。在暴雨频繁的地区，陡峭的山坡道路，如果走的人过多，就特别容易被雨水冲刷。这些环境变化的影响大多出现在以森林、河流为主的植被景区或者原始地区。

2.植被对旅游安全影响

无论是汽车排放的废气，还是游客游览过程中的各种不当行为，对植被的生存环境都会产生消极影响，甚至会产生植被与游客自身的安全问题。近年来游客在森林的安全问题接连发生，因此也引起了社会各界的重视，这不仅是对游客人身安全问题的考虑，也是对植被保护的一大开始。

后现代社会旅游中，选择露营草地、森林公园、山谷等以绿植为空间环境的旅游目的地的游客大多都是城市工作者，对于他们来说，远离城市喧嚣，进入幽静而环境更好的山野地区是最好的选择。但长此以往，人流量增多后，各种安全隐患凸显。在山野地区，植被依存已有的土壤和水分生长着，但因环境的变化、游客行为的影响，改变了原有的生长环境而逐渐出现各种危险因素。游客在使用营火的同时，容易忽略周围植被，大意之下很容易引起山火，而猝不及防的游客很容易丧失生命。2019 年我国总共发生森林火灾 2345 起，受害森林面积约 13505 公顷；2020 年较 2019 年有“双下降”趋势，说明人们更加注重森林用火安全问题。游客在野外活动时，制造的各种垃圾（残余食品、废弃食品袋、水瓶等）经过腐蚀后会改变周围土壤质量和植被生长环境，长期积累易导致水土流失、植被松散等而引发滑坡、泥石流问题；对于野外安全意识较低的人群，更加容易发生生命财产安全问题。

水土流失、泥石流等自然灾害的发生不仅是因为土壤环境改变，还因为人类的乱砍滥伐。山林地区自然生态环境较好，吸引大量的游客前往，人流量逐渐加大，带动了当地旅游业的发展，但也不乏一些商家和当地居民为了吸引游客前往居住，而滥伐森林树木以建造木质房屋和器具等，利用森林资源谋取利益。山林地区发生水土流失、泥石流灾害，首先受到威胁的是当地居民和野外露营的游客。因此，规范游客的行为，禁止相关利益者的破坏，促进植被的茂盛生长，不仅是环境保护的最好举措，同时也是降低安全隐患的一大途径。

3.植被保护措施

上文提到植被对人类的生存和地球的生态平衡有着重要的作用和意义，因此保护植被的正常生长和可持续发展是在发展旅游和经济时首先要考虑的前提。

完善立法，健全植被保护法律体系。1984 年 9 月 20 日，第六届全国人民代表大会常务委员会第七次会议通过了《中华人民共和国森林法》，并在之后的三十年中两次修订。2019 年 12 月 28 日，第十三届全国人民代表大会常务委员会第十五次会议通过最新修订的《中华人民共和国森林法》并自 2020 年 7 月 1 日起实施。习近平总书记提出“绿水青山就是金山银山”的“两山”理论引领我国各行各业都开始遵循在发展经济的前提下注重保护环境。

在政策的引导下，大力做好宣传，提高民众的生态意识。以多种形式，全方位地开展打击毁林，保护生态环境等宣传活动以及各种法律法规的宣传，学习最新的森林法，提倡可持续发展致富的理念，促使当地经济发展的同时恢复已被破坏的植被，从而达到双赢，实现人与自然和谐共生。

加强管护，提升森林保护成效。深化森林资源管理制度和保护机制等，保证各种制度、机制有效实施并得到实证效果。加强森林防护队伍建设，充分发挥护林人员的作用，加强对防护森林人员的管理，建立互通平台、明确各自的岗位职责，通过提升护林人员的业务素养和法律法规的学习，更加有效地保护森林。

转变原有的方式，实现可持续发展。一方面利用现如今的科学技术改变传统的种植培育方式，引进新型品种、新技术、新的管理模式等，提高培育的植被产量和质量；另一方面，充分发挥森林资源和林地空间优势，大力发展林业相关的附属产业，提高林业的综合利用效率和经济收益，达到经济社会发展和森林资源保护的双赢效果。

（二）旅游和野生动物

1. 国外旅游与野生动物

通常，破坏小株植物或者某水域质量的恶化很少能成为新闻头条，但许多与旅游和野生动物有关的事情却不一样。如果一名游客被一头成年咸水鳄鱼吃掉或者野生动物园里的一头大象被杀害，那这样的新闻很可能会成为该国头版新闻。旅游对野生动物（特别是大型动物，如大象或狮子）的伤害，经常被报道或研究。然而目前许多研究都存在问题。一方面，在旅游业出现之前，没有野生动物数量的评估，所以许多研究是在问题发生之后开始的，在旅游开始之前这方面的知识也仅仅是臆测。同时，动物迁移会造成一些动物的死亡。迁移后动物数量减少，有时这被错误地判断为是旅游带来的潜在破坏和死亡。而这种研究周期性很长，需要大量资金，所以很难得出确切的结论。

(1)国外野生动物保护。由于上述原因，世界上的许多野生动物保护研究只限定在较大的动物上，而不重视体型较小的物种。另外，到目前为止，研究只集中在国家公园或地区的宏观水平上，而非微观上。目前研究的一些问题当中出现了不少缺点，但要注意到，许多研究还是有价值的，不应该被排除。此类研究主要在非洲进行，近年来，那里的旅游对国家公园的使用率每年增加到了 30%，下面许多例子都来自非洲。

20 世纪早期，许多去非洲的人是游猎，明确的目的是射杀野生动物，然后把它们的内脏填充，带回家作为胜利纪念品。幸运的是，目前这种行为受到禁止，绝大多数人是去拍摄野生动物，但这也存在问题。因为旅客通常被允许的时间有限，他们想在最短的时间内看到最多的动物，所以旅客大多被集中在动物每天必定会出没的地方，比如动物每天饮水的水塘边。而运送游客的游览车要开几十公里后才能到达水塘，这不仅会引起各种严重的环境问题，同时也降低了游客的游览体验。即使到达水塘边，游客也是被限制在固定的安全围栏里，因此，游客们常常会抱怨，经过野外地区艰苦的路途跋涉，却很难拍到没有围栏障碍、没有其他游客，只有野生动物的满意照片。为了确保游客和当地居民的安全，同时也为了保护野生动物的安全，只能设置防护栏来隔断野生动物和人类的互通。而为了拍摄纯野生动物的照片和去观赏野生动物的游客时常会跨越这些护栏，因此每年都会有不少游客在这类野生动物区域受伤甚至丧失生命。当地有一种说法，过去人们看见长角牛停止吃草而都朝相同的地方观望，便知道那里有狮子；

现在如果抬头看见一串散漫的游览车，便知道那里有狮子，因为那些游客正是为了观看凶猛的狮子而来，但也仅仅是栅栏之外。

旅游活动的增加必然会导致纪念品需求的增加。动物的皮毛、牙齿、角、尾巴等都成为游客的好奇品，游客会购买带回家。一些地方允许合法狩猎，这使旅游纪念品的生产也随之增加，但市场需求远远超过合法渠道的供应，从而促成偷猎业来供货。有些动物制品在黑市上的需求很高，许多偷猎者会不惜借助使用机枪来杀死捕获猎物。无论是因合法狩猎而被射杀的野生动物，还是黑市上那些禁止流通的野生动物标本纪念品等，都在一定程度上威胁着野生动物，甚至直接威胁到稀缺生物的生存，导致部分野生动物灭绝。尽管非法活动的经济回报很高，但当地人依然比较贫穷，所以这种方法并不能直接解决问题，但却仍成为当地人经济回报最快的方式，因此也增加了当地人狩猎野生动物的迫切意愿。幸运的是，在国外的很多野生动物生活区域，一些政府部门正在严格执行强制措施以保护野生动物的生存。如果市场需求量居高不下，威胁就会始终存在。

(2)国外旅游对野生动物的影响。旅游在许多方面直接影响到野生动物的生存。影响的程度取决于多种因素。第一种影响因素是动物对游客到来的适应能力。在加拉帕戈斯群岛，游客频繁照相，明显影响了鸟类繁殖。如果鸟受到惊吓飞离巢窝，可能引起鸟蛋破碎或幼雏死亡；游客抚玩幼雏也会增加它们的死亡率。在国家公园里，游客的足迹和旅游道路使野生动物远远离开。学者们曾在对加拿大贾斯珀国家公园的研究中注意到，狼群放弃了离公路 0.5 公里的洞穴；在北美的野熊习惯了游客的喂食和野营地倾倒的垃圾，便逐渐失去了在野外自食其力的能力。第二种影响的因素就是旅游造成的野生动物死亡。除了违法的滥猎、滥渔减少了野生动物数量外，许多动物被旅游小车压死。在德国国家公园的一项调查中注意到，许多野兔、狍和红鹿死在道路旁边。在澳大利亚，大量袋鼠死在旅游线路的周围，这种情况近来在某些地区越来越多。第三种影响就是捕食动物和被捕动物的关系中断。如果鹿、麋和羊习惯于游客喂食，它们就会聚集在可能获得食物的地方。它们的集中会引起更大领地的竞争，同时吸引自然界的捕食者。这些捕食者由于猎物集中更容易捕杀。

在多数情况下，旅游对野生动物的直接影响与偷捕一样严重。在非洲的部分地区这种情况已经很严重。旅游也可以间接地从各方面影响野生动物，尽管建立国家公园有利于保护野生动物，但在某些情况下，问题还会发生。公园和狩猎保护区对某些动物有利，但也牺牲了其他类动物。在某些非洲国家公园，大象、羚羊和斑马大量出现引起了人们注意。如果公园某类动物数量过多，就会产生因激烈竞争食物而导致的动物争斗，这会对弱小动物产生不利的影响。另外，大批动物也可能会因此而迁移到别的环境中去。当然，如果是季节性的迁移就是另外一回事了。

某种动物数量的大幅增加也会产生一些不幸的后果。例如，大象增多会过分啃食国家公园里的植被。它们剥光树木，拔掉树根，致使大面积的树木变成草地。在坦桑尼亚的鲁阿哈国家公园，大象每年都会使那里的树木覆盖率减少 10%，这对长颈鹿和黑犀牛的生存产生了不利的影响。在北美，由于游客经常喂食野熊，使它们逐渐习惯与人类接触，这不仅使野熊失去原有的捕食习惯，而且它们对游客安全也会形成威胁。美国加州的约塞米蒂国家公园，为了游客安全，不得不周期性地驱赶野熊离开原地。

非洲许多国家当地人口不断增加，使现存耕地压力变大。目前非洲人口的密度已超过600人/平方公里。人口压力迫使新增加的人口寻找新的开垦地，许多人迁移到干燥的萨凡草地，那里一直是野生动物国家公园。旅游对这类问题起了一定的作用，公园和野生动物所获取的旅游收入大大超出了开垦这块边缘地区带来的收益。不幸的是，对国家公园周围饥饿的本地人来说，国家国际收支平衡概念只是抽象的概念。最容易引起纷争的地区正是大型国家公园的边缘地带。在国家公园周围的缓冲区，动物与当地人对土地和水源的竞争，导致捕食者和被捕食者之间的关系变得更加紧张。所以，栖息地的丧失、食物链中断和迁徙行为改变，最终都将导致野生动物的减少。

这里讨论的问题主要是建立在对非洲的研究结果上，幸运的是，类似的问题在世界其他地方并不严重。但也应该从非洲的情况吸取教训，旅游者、当地居民和野生动物三角关系没有简单的答案，只有不断地探索，才能寻求更加优越的缓解方法。

2. 国内旅游与野生动物

在国内旅游中，由于环境地域的影响，野生动物旅游都属于景区，不存在开放式游览。我国十大野生动物园主要包含广州长隆野生动物世界（该野生动物园隶属于全国首批国家级5A旅游景区）、上海野生动物园、成都大熊猫繁育研究基地、北京大兴野生动物园、大连森林动物园、西安秦岭野生动物园、杭州野生动物世界、威海神雕山野生动物园、云南野生动物园、海南热带野生动植物园。在我国野生动物旅游中不仅注重旅游的发展，同时也注重野生动物的保护，而对于野生动物保护最重要的就是对野生动物栖息地的保护，从而才能更好地保护野生动物。国内野生动物旅游发展随着社会经济的发展而出现各种弊端，因此也受到各界各业的关注和探讨，比如，如何才能做到旅游与经济协同发展的同时，保护野生动物及其多样性；如何才能在野生动物问题上做到可持续发展；等等。

(1)野生动物栖息地。野生动物栖息地是指包含一种常年或季节性为水生动物、陆地野生动物（哺乳动物、两栖动物、爬行动物等）、鸟类提供相应的赖以生存栖息的地方，而这些地方应是适合各类野生动物生存，满足生存条件的居所。野生动物栖息地根据生存活动的基本范畴可以分为四大基本类型，主要包括蝶类栖息地、鸟类栖息地、水生动物栖息地、陆地动物栖息地。

当栖息地符合野生动物的基本生存条件时，即所在的栖息地应包含野生动物所需的食物、保护场所、居住环境、水、空气环境质量、湿度、温度等。野生动物栖息地主要分为：鸟类栖息地，如“鸟类王国”的福建武夷山自然保护区；珍稀哺乳动物栖息地，如以东北虎为保护对象的七星砬子自然保护区；还有许多其他的动物栖息地，如爬行类、两栖类、节肢类动物栖息地等。根据动物的活动环境和生活习性来划分不同种类的野生动物。当划分出更加精准的种类时，可以根据动物的习性，对周围环境进行人工干预，利用现行更好的条件去为野生动物创造更好的生存条件，进而达到保护野生动物的目的。

珍禽异兽及其栖息地是指数量较少或者濒临灭绝的珍贵稀有动物和保护珍稀动物的自然保护区。我国是野生动物濒临危险灭绝分布的大国，根据不完全统计，原产地在中国的濒危动物有120多种被列入《濒危野生动物植物国际贸易公约》；有257种被列入《国家重点保护野生动物名录》;有400多种鸟类、鱼类、两栖爬行类动物被列入《中国濒危动物红皮书》。而我国人口众多,活动范围较广,同时又随着经济的快速发展,越来越多的野生动物备受影响,濒危的物种和数量也将会随之增加。而我国意识到该问题严重性的同时建立了多个野生动物保护区,例如中国有国宝大熊猫及其故乡四川卧龙自然保护区,国宝金丝猴以及四川九寨白河自然保护区,“长江里的大熊猫”——长江白鳍豚及其保护区,世界屋脊之鹿——白唇鹿及其保护区,东北虎及其栖息地长白山自然保护区等。

对野生动物的生存环境进行保护,利用栖息地保护理论结合野生动物栖息地保护相关政策法规,加大人们的重视度、提升管理办法,在发展经济和旅游的同时,保护野生动物,做到可持续发展。

(2)国内野生动物旅游。因我国人口众多,活动范围广泛,因此缺少像非洲那样广袤的环境,所以国内野生动物旅游大多是以景区为旅游目的地,进行的游览观光式旅游。国内野生动物旅游所造成的对野生动物的生存环境及其本体的伤害也不断地增加,因此也为管理和野生动物的保护增加不少阻碍。游客在野生动物旅游的过程中,两大行为最容易对野生动物造成影响,一种行为是胡乱投喂动物食物,部分动物的消化系统与人类不相一致,人类能食用的食物不一定适合动物吃食;另一种行为就是在游览过程中乱扔垃圾。垃圾会对野生动物产生两类影响,一类是未及时处理的垃圾被动物吞食下肚,对它们来说是身体的伤害,甚至是致命的“毒药”;另一类是垃圾对环境的影响,使得野生动物的生存环境间接被改变,从而影响野生动物的生活习性、生存寿命等。

2020年10月国庆期间,圆通山昆明动物园中游客随意投喂食物给动物食用,其中有游客将苹果连同包裹的塑料袋一同投喂并被大象误食。塑料袋在地底长时间都不易腐烂,更何况大象的肠胃,长此以往对大象的消化系统造成危害,甚至可以威胁到大象的生命。西湖的鸳鸯也是游客游览的一大美景,但同样出现投喂问题,因游客过度投喂,导致有鸳鸯被撑死。随着旅游业的发展,游客的增加导致了投喂问题上升。动物每天的进食量有限,大量的食物投喂不仅伤害动物的肠胃,所剩食物在动物栖息地腐烂后还容易破坏动物的栖息环境。而部分食物腐烂后会污染环境,如污染空气、污染水质,增加大量寄生虫,损害植被生长等,破坏野生动物栖息地,间接伤害野生动物。

3.野生动物保护措施

环境的破坏、野生动物数量的减少、生物多样性的降低、稀缺生物的灭种等一系列负面的结果大多数在一定程度上都是人类活动的影响。王敏、王紫薇、朱宇文等学者在从公众对野生动物的整体认知、食用野生动物、使用野生动物制品、观看野生动物表演、饲养野生动物宠物、野生动物保护地旅游、关注野生动物动态新闻频率等多方面调查研究得出社会公众对野生动物的认识严重缺乏,同时也反映出保护野生动物,普及野生动物保护知识的紧迫性、必要性和可行性。从人类活动的源头遏制破坏行为是最有效、最直接的方式。加大野生动物保护宣传力度,提升人类对野生动物的认知,对自身行为的认知,提升保护意识。

我们不得不承认,往往是当野生动物遭受的生存威胁较为明显时,才会引起人类社会各界的关注。好在政府出台的各种保护政策、野生动物保护协会发起的各项公益活动、各界学者提出的指导理论等，都是尽一切可能去挽救这一现状。我国目前出台的《野生动物保护法》明确规定了禁止猎杀或伤害国家濒危的生物；并且在物种保护理论的研究中已经明确：破坏野生动物多样性，将会进一步破坏野生动物生态保护区的平衡性，使得原有的生态平衡被打破。

要想做好野生动物的保护工作，我们需要加大在野生动物保护方向的经费投入，利用现代科技，改善监测环境和提升监测手段，增减监控设备点，构建完善的野生动物保护监测体系，构建合理的监测流程，一旦发现异常情况，便于及时处理，以降低野生动物的受害率。提高宣传力度和覆盖范围广度，不断提升人民群众的保护意识。同时，增加设备和设施的投入，在充足的资金情况下进一步修建野生动物的保护基础设施等，有效促进监测救护和偷猎案件的查处，更好地保护野生动物的多样性。

三、旅游对生态系统的影响

到目前为止，我们只把研究的范围局限在了自然环境的单个元素上，我们已经了解了旅游影响地理、水质、空气和野生动物以及其他许多研究过的领域。在了解完自然环境，学习人工环境之前，有必要先明白旅游对一些生态系统的影响。生态系统是指所有相互影响的自然事物的总和。考察整个生态系统相对于考察其组成部分（如岩石、空气、水等）更有意义也更为全面。而较为遗憾的是，生态系统是一个复杂的系统，从事生态系统分析和旅游影响研究的学者还不够多。然而，有三类生态系统却是广受旅游活动的欢迎：海岸地区、海洋岛屿和山脉。

（一）海岸线

在世界许多地方，沿海地带是游客的主要目的地之一。同时海岸线也是市区开发和发展本地沿海经济重要港口，重工业、发电厂、污水处理系统的地方。旅游业的发展使这种已经存在的矛盾更加复杂化。市区经济的扩张和沿海旅游度假区的建设将改变海岸线的原有面貌，失去其部分应该有的特征。如果这种发展成型，整个海岸线会变成线条状城市。国外一些典型的海岸地区，如英格兰南部海岸，美国佛罗里达西南部和澳大利亚的昆士兰州东南地区就是这种发展形势。

1. 海岸线的开发

海岸线在自然的演变过程中，潮汐的侵袭，对海岸的形成和发展有着重要的影响，同时也影响着当地居民的渔业和生活状况。但随着经济的发展，港口贸易成为沿海城市重要的经济发展动力和城市发展重心，而使部分海岸地区的土地变得较为平整并逐渐流失。人们填充海岸，抽干沼泽，移走植被，以建立港口、船舶停靠处或是贸易交易所，人为地改变海岸线原有生态环境。随之形成的现代建筑和设施设备会导致海岸线失去原有的生态特色，转而发展为经济贸易集中区，出现人口过分拥挤，机械设备污染严重，港口承载力超标等问题。大面积的侵蚀和污染，早已使得原海岸线周边生态环境遭受破坏。国外典型的案例就是地中海北部沿岸在发展过程中，许多地方已经被市区的扩张发展破坏了，失去了原有的生态环境。

我国东部、东南部、南部地区，靠海生存人民较多。据第七次全国人口普查数据显示，中国沿海人口占全国人口比例约44.52%，其中包含9个沿海省、1个自治区、2个直辖市，53个沿海城市、242个沿海区县。而经济发展的沿海地区早已不再以渔业为主，更多地依靠国内外商业贸易，海陆运输服务等。但这些都得建立在一定的建设基础之上，因此对原有的沿海样貌进行改造；为带动城市的经济发展，政府大力支持港口贸易建设，使得自然生态环境被转变为商业贸易景象。

在我国20世纪80到90年代的经济发展初期，山东青岛由于其特殊的地理环境和社会背景，被发展建设成为重要的港口贸易城市和旅游城市。原本生活在那里的渔民被迁出，大规模的城市扩建和多个大型码头、旅游景区的建设，使青岛的经济产值迅猛提升，但原有的海岸生态环境也遭受了巨大的改变，大面积原有的自然海岸线被人工海岸线替代。而自然海岸线的大量减少则迫使自然生态系统发生改变，渔业资源降低、生物多样性减少、海岸抵抗自然灾害的能力下降，不仅影响了生态系统，同时也影响了海洋的可持续发展。

2. 沿海旅游的影响

当沿海地区经济提升到一定水平而转向稳定发展的时候，旅游业则开始蓬勃发展。随着国家整体经济的发展，人民生活水平得到了提高，对幸福的指数也随之攀升。由于我国陆地面积广阔，人口众多，很多内陆居民都将旅游期望设定在自己未曾到过的海边，这一重要因素就使得来沿海地区旅游的人口逐年增多，甚至达到饱和状态。当沿海地区游客数量超过其接待承载力时，就会对当地的环境和居民的生活造成负面影响。不仅是靠近市区和旅游的海岸线区域会受到游客破坏，甚至偏远一点的海岸线也不例外。为了使游客能深度领略海岸美景，原始的海岸线上被建起了长长的海岸游客步道；既刺激又浪漫的沙滩越野车和海上摩托艇在吸引无数游客体验的同时，也在破坏和损害着当地原有的生态系统。有些游客更愿意冒险，更希望到达偏僻和遥远的地方，这样，游客带来的生态破坏就不仅仅局限在沿海度假地区了，原始的渔民村落或者尚未开发的海滩、礁石等也难以幸免。

近些年来，我国沿海旅游发展迅速，越来越多的游客选择沿海旅游，特别是小众的小型沿海城市更加备受游客的青睐。我国学者陈和、周阳城、欧阳承达以广东沿海旅游带为研究对象，调查分析了游客在沿海旅游中的满意度，发现受基础设施和旅游环境的影响，游客对沿海区域旅游的满意度很高，而较高的满意度又吸引了更多游客的到来而导致沿海地区游客承载量超标。沿海地区的承载力在旅游人数增多后，为当地带来现代“城市病”、海陆环境污染、生态系统失衡等一系列问题。当游客基数越大，游客的不文明行为将会越多，而游客人为的不文明行为对环境破坏也将更加严重。人类活动使得海洋自然环境和生态系统受到极大威胁，这种影响在沿海地区的海藻种类方面表现得尤为明显，因为海藻的生长情况是反映沿海周边环境质量最好的风向标。

（二）海洋岛屿

海洋岛屿也是众多受旅客欢迎的目的地，但受欢迎程度并不能够掩盖旅游所带来的负面影响。在一定的发展阶段中，游客人数甚至超出当地居民人数，如果旅游是当地发展或者是当地居民的主要收入来源，那么旅游发展所带来的一系列问题就很容易被忽视。海洋岛屿一般具有独立性，大多处于四周环海且具备完整的生态系统。被开发和未被开发的海洋岛屿都具备旅游潜在性，而被开发的岛屿则是将其旅游的潜在性挖掘出来，以将具有现代特性的旅游资源形式呈现在游客眼中。对于长期生活在内陆地区的居民而言，岛屿生活是极其新鲜和陌生的，因此游客们也更多地抱着好奇和探险的心态来旅游，这就使游客的行为更加难以受到规范和限制。比如，低潮时许多游客涉水去考察礁石，结果许多珊瑚遭到破坏；还有些游客会在海边打捞小鱼小虾，使得当地的海洋生态系统在不知不觉中被破坏。

作为以经济利益为主体的旅游商业，都是以迎合游客喜好为倾向，陆地居民对岛屿周边的环境和事物都处于新鲜感极强的状态，而不少商家就以此为业务发展方向，以岛屿周边的事物谋取利益。旅游纪念品店将当地的贝壳、珍珠、珊瑚标本等出售给游客，游客也很愿意购买这类具有当地特色的海洋产品送给亲戚朋友作为礼物，或是留给自己作为旅游的美好纪念。而这些物品从海洋中被大肆开采，直接影响岛屿周边的生态环境，特别是珊瑚和礁石，这些都是岛屿周边小型海洋生物重要的栖息地。同时，由于岛屿上淡水资源有限，不少酒店和商户的公共卫生间不得不在便池内使用海洋咸水冲厕，而这种冲厕后的废水净化难度大大增加，这种处理不充分的废水被排放回大海，对周围的海洋环境造成更严重的污染。现如今不少岛屿周边的珊瑚被严重损害，人们开始意识到问题的严重性并已经开始进行人工移植养殖珊瑚礁，弥补因旅游和经济发展带来的损害，恢复周边的生态系统。

最后，还有机械化的操作、填海连岛、开采石料、偷排偷放、设施设备遗弃、船只漏油等人为因素使得大量的废弃物排入海洋中，严重威胁到岛屿附近礁石周围的生物生命和生存环境。由于人类活动的无序性、粗放性以及破坏性，海岛资源在开发过程中出现了很多问题，不仅使得原有的生态系统遭受破坏，同时还为今后的环境影响留下隐患，埋下祸根。在开发和发展过程中，废弃物被排放至海岛周围，不仅影响环境美观，在废弃物长时间的腐蚀下，还会污染周边的水、空气等其他生态环境，为自然环境的自我修复增加负担。

（三）山脉

山川景色秀美壮丽，但其生态环境却相当脆弱，所以旅游一旦对山川产生负面影响就难以恢复。从 19 世纪中叶开始，山川就一直很吸引游客，无论是国外的蓝山、阿尔卑斯山、落基山脉等，还是国内的玉龙雪山、东岳泰山、西岳华山、南岳衡山、北岳恒山、中岳嵩山、黄山、武当山、峨眉山、梅里雪山等都备受游客喜爱。

1. 山林旅游影响

在不少的山林旅游中，铁路、缆车和旅游隧道的建设使人们更容易到达人迹罕至的崇山峻岭之间。为了有效利用山林自然资源，当地政府会大力投入山林旅游开发，让游客能以多种途径到达山林深处、山脉高处，去观赏更原始更罕见的自然景观。各种山林旅游基础设施的建设使高山地区不再荒凉。人们不断开发建设，游客不断游览，同时，也破坏了山林的自然环境和自然资源。比如，破坏了野生动物栖息环境，损害了山区植被，增加了岩石滑落和山体滑坡，加大了环境污染等;而在此破坏的基础之上,人们又不断地寻找措施去弥补和挽救正被损害的自然环境。

如今的山林旅游开发已经不断升级、不断创新,高空蹦极、玻璃栈道、高空滑降等多种刺激且新颖的项目被不断开发,作为山林景区的另一吸引物去吸引更多的游客前往。目前我国著名的悬空栈道共有八处,分别是太姥山观海悬空栈道、华山长空栈道、翔凤山悬崖栈道、天门山鬼谷玻璃栈道、麦积山栈道、贵州南江大峡谷栈道、笔架山栈道、宜春明月山青云栈道。在基础设施高空作业的阶段,不乏坠落之物;而在游览阶段,不乏游客乱扔的废弃物等;在自然灾害时期,却又有不可避免的落石、泥石流、林木等坠下。由于山林地质环境的特殊性,人们可以在现代技术的协助中容易到达高峰,却很难进入山林清理因旅游带来的废弃品,只有人工徒步进入林区捡拾垃圾,以人力方式携带下山。据访问玉龙雪山环卫工人得知,从玉龙雪山经人工捡拾的氧气瓶数量以麻布口袋计量,平均每天拾得 70～80 袋的废弃氧气瓶并最终被人工背下山,这还不算其他垃圾废弃物等。可想而知山川在旅游的发展下,虽大幅提升了当地经济收益,但环境也受到了严重的破坏。

2. 山林保护发展

随着景区的发展,基础设施的建设,所占据的山林自然环境面积不断增加,使得原本山林间的生物失去了原有的生活环境。山区野生动物常常仅生活在狭窄的几百米的垂直气候区,这些野生动物随着季节上下迁移,旅游基础设施则约束了这种自然季节性的迁移,改变了野生动物的栖息环境。

不仅如此,随着游客量的增多,山林的破坏程度逐年加大,不仅是游客乱扔垃圾造成环境的污染,同时也有类似于在景区林木刻字、胡乱砍伐的现象出现。人为的破坏已经成为山林自然环境破坏的主要因素,因此也促使不少社会各界人士对此提出倡议。在"两山"理论的指导下,政府管理部门、景区管理部门、业界学者、志愿者等为自然环境保护和旅游发展做出了许多探索和努力。2020 年 11 月 20 日至 22 日,UTMB 环勃朗峰超级越野赛——2020 熊猫超级山径赛在四川举行,该赛事以收集山林垃圾,宣传动物保护,促进中国越野赛事绿色重启为宗旨,赛后统计参赛选手收集垃圾最多的前五名给予颁奖,表彰他们对环保做出的贡献。云南丽江老君山景区也举办了类似的活动——以垃圾换早餐,景区管理者给在进景区游玩的游客分发垃圾袋,并承诺拾回一袋垃圾可兑换价值 15 元的早餐一份,这种做法不仅创新了景区发展与环保并进的新模式,吸引了不少游客前来感受,同时也为景区的绿化做出更大的贡献。

山林保护不只是靠政府政策规范、靠举办各种活动就能完全做到的,更多的是环境保护意识的扎根。政府管理者的环保意识、游客的环保意识、景区商业人员的环保意识等,在促进旅游发展与经济发展的同时也促进了环境的保护。加大宣传力度,制定相应的措施,不仅仅是降低山林旅游环境破坏程度,同时也是预防不良商家为提高旅游吸引力,而以破坏山林资源和环境来博取自身利益。

延展阅读

给子孙后代留下珍贵自然资产——三江源国家公园

2019 年 8 月 19 日，第一届国家公园论坛在青海省西宁市召开，习近平总书记向论坛发来贺信。习近平总书记在贺信中指出，中国实行国家公园体制，目的是保持自然生态系统的原真性和完整性，保护生物多样性，保护生态安全屏障，给子孙后代留下珍贵的自然资产。这是中国推进自然生态保护、建设美丽中国、促进人与自然和谐共生的一项重要举措。

国家公园体制建设饱含着人民群众对美丽中国、美好生活的向往。在“绿水青山就是金山银山”理念的指引下，各试点区创新自然资源保护体制机制，平衡保护与发展的矛盾，给子孙后代留下珍贵自然资产，让国家公园成为美丽中国名片。

“这里就是世界本来的样子”

在三江源国家公园黄河源园区，青海果洛藏族自治州 731 县道两旁，一望无尽的绿色草原延伸到远处的山脚下，不时可见的藏野驴、天空中盘旋的鹰，展现着原真生态。难以想象，几年前，这里曾经草皮裸露、沙尘肆虐。

“天帮忙，人努力，生态不断好转。”三江源国家公园黄河源园区管理委员会生态资源和自然资源管理局副局长马贵说，“现在这里生态治理面积已经超过一百多万亩，通过黑土滩治理，沙尘暴少了，扎陵湖水量大了，黄河水质变好了，甚至达到可以直接饮用标准。”

为保护好三江源的原真性、完整性，试点以来，三江源地区完成资源本底调查、自然资源统一确权登记和草原承包经营权登记试点。通过退牧还草、禁牧封育、草畜平衡管理、黑土滩治理、草原有害生物防控等措施，草原植被盖度提高约两个百分点，退化草地面积减少约 2300 平方公里，森林覆盖率由 4.8%提高到 7.43%。

为此，野外生物学家乔治·夏勒博士这样评价三江源：“这里就是世界本来的样子。”

自 2015 年以来，我国开展了东北虎豹、祁连山、大熊猫、三江源、海南热带雨林、武夷山、神农架、普达措、钱江源、南山等 10 处国家公园体制试点。试点区将各级各类自然保护地整合划入国家公园试点区范围，对山水林田湖草等自然生态系统实行统一管理、整体保护和系统修复。

率先提出 2021 年全面完成国家公园核心保护区生态搬迁任务，2022 年核心保护区内无居民居住——在海南，位于热带雨林国家公园核心保护区的村庄正在分批次移民下山，并探索生态搬迁国有土地和集体土地置换的新模式；

不断完善自然生态系统保护制度，陆续出台了总体规划并进行功能分区，实行差别化保护管理——“天地空”一体化监测体系在国家公园体制试点区被越来越广泛地应用，在东北虎豹试点区，“天地空”一体化监测体系已覆盖 5000 平方公里，基本实现“看得见虎豹、管得住人”；

研究制定矿权和水电企业退出办法，把最应该保护的地方保护起来——武夷山国家公园体制试点区完成生态修复 6500 亩，拆除违规建设 39 处，生态稳中向好。三江源、普达措矿权和水电等开发企业已全部退出，祁连山、大熊猫、南山等试点区退出数量超过 50%……

在尊重自然、顺应自然、保护自然的一项项举措中，国家公园试点，正在让更多地区守住绿水青山。

在体制机制创新上做文章

钱江源头，开化如画。

2016年，位于浙江衢州开化县的钱江源国家公园成为长三角地区唯一的国家公园体制试点。

“如何解决保护与发展的关系，如何推进跨区域合作保护、如何实现集体自然资源资产的统一管理，是摆在实践者面前的重大课题。”钱江源国家公园管理局常务副局长汪长林说。

在试点中，钱江源国家公园做好“加减乘除”四篇文章。所谓“加减乘除”，一是保护做“加法”，持续开展“清源行动”，打击破坏自然资源行为；二是项目做“减法”，对原有不符合生态管控要求的项目建立逐步退出机制；三是功能做“乘法”，在做好自然资源原真性、完整性保护的基础上，尽可能发挥国家公园的科学研究、自然教育以及游憩的功能；四是还原做“除法”，逐步清除非自然状态的物质和行为，还自然以本来面目。

涉及面广、情况复杂，没有现成模式借鉴，国家公园体制试点是一项创新性体制机制综合改革探索，如何打破过去多头管理壁垒，如何建立科学合理的管理制度，都需要“摸着石头过河”。

在国家公园体制试点中，各地从体制机制创新上做文章，让绿水青山出颜值、让金山银山有价值。

——在机构职能上改革创新。试点区均组建了统一的管理机构，并不同程度探索建立了分级管理体系；三江源、武夷山、神农架、钱江源、南山等试点区整合相关职能部门执法资源，成立了内设执法机构，形成一定的执法能力。

——在制度建设上改革创新。三江源、普达措、神农架、武夷山等试点区分别制定了国家公园条例。各试点区都制定了自然资源调查评估、巡护管理、生物多样性监测等办法、规程等。试点区均建立了统一的资金台账制度、资金使用制度和财务监督机制。

——在资源管理上改革创新。东北虎豹国家公园已与吉林、黑龙江两省人民政府完成自然资源所有者权力和职责移交。东北虎豹、祁连山、三江源、武夷山等试点区完成自然资源确权登记试点工作。

制度创新，让生态改善和物种恢复成为现实。东北虎豹国家公园内虎豹数量大幅增长；大熊猫国家公园里的野生大熊猫频繁走进红外镜头；海南热带雨林国家公园里，许多昔日销声匿迹的野生动物开始重返家园……

让公众成为建设者守护者受益者

走进海南省白沙黎族自治县南开乡生态移民村银坡村，一栋栋黎族特色风格小楼错落有致，一条条街道干净整洁。青山环抱和绿树掩映中，这座宁静祥和的小村庄俨然是世外桃源。

曾经白沙县的道银、坡告两村位于海南热带雨林国家公园鹦哥岭国家级自然保护区核心区范围内。为做好生态保护，银坡村成了海南首个生态移民村。通过国有土地和集体土地置换、安置就业，2017年道银、坡告两村的村民们终于走出大山，全面完成了生态搬迁，合并为银坡村。两村由过去的全省不通公路、电讯的黎族贫困村，完成华丽蜕变。

“这对我们来说是不可想象的变化，从贫困一步迈进小康。”村民符国强说，搬进新村后，村民们住进了宽敞、干净的新房子，生活质量和生活环境都得到极大改善。

搬出大山后，村民们致富增收的干劲更足了。村里成立了农业合作社发展种植产业，当地村民有自家土地收益的同时，还能得到合作社分红，真正达到了村民安居乐业，实现了“搬得出、住得下、能致富”。

人与自然是生命共同体。国家公园试点中，各地创新社区参与模式，让社会公众特别是当地居民成为国家公园的建设者、守护者和受益者，实现人与自然和谐共生。

7月3日，黄河源头青海玛多县对29名优秀生态管护员和10名最美生态管护员进行表彰。三江源国家公园扎陵湖生态管护员拉依说：“当选最美生态管护员，我觉得肩上担子更重了。”

拉依是三江源国家公园1.7万名生态管护员的代表。三江源国家公园体制试点区积极探索建立生态管护公益岗位，2018年实现园区牧户生态管护公益岗位“一户一岗、户户有岗”。每年生态管护岗位补助资金3.72亿元，户均年收入增加两万多元。园区牧民不仅守护了这片生态净土，也有了稳定增收渠道。

五年来，国家公园体制试点区内社区协调发展制度初具雏形。三江源、武夷山、祁连山、普达措等试点区出台了特许经营等相关制度办法。武夷山、神农架、钱江源等试点区完成了入口社区、特色小镇规划。各试点区都建立了较为完善的志愿者服务机制和社会监督机制。

“建设国家公园是人民之福，也是人民之事。今年是国家公园体制试点的收官之年，各试点区已做好了准备，迎接国家和人民的检验。”国家林业和草原局有关负责人指出。

在社会参与中，保护与发展正在形成完美和声，人与自然和谐共生的美好画卷正在国家公园体制试点区铺展。

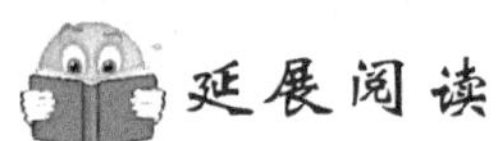

延展阅读

天人合一的朴素生态观

人与自然和谐共生理念在当下的欧美社会已得到普遍运用。在生态保护中，我们固然可以强调“洋为中用”。但是，我国的“天人合一”思想与西方的和谐共生理念有共同之处，且远比欧美早得多。

天人合一的理念在我国古代，上至皇家、下至黎民都有所体现，历朝历代或多或少皆存在对环境保护的明确法规与禁令。尽管这种思想和实践，由于战乱与贫穷而时断时续、时重时轻。

据《逸周书·大聚解》载：早在大禹时期，就有春三月不得伐木、夏三月不得撒网打鱼的禁令。周文王时期曾颁布世界最早的环境保护法令——《伐崇令》。《伐崇令》规定：“毋坏屋，毋填井，毋伐树木，毋动六畜，有不如令者，死无赦。”此外，周代还制定了保护自然资源的《野禁》和《四时之禁》。《礼记·王制》中明确规定：“草木零落，然后入山林。”

秦朝的《田律》可以说是迄今为止保存最完整的古代环境保护法律文献，有一部分专门讲述资源与环境保护，包括古代生物资源保护的所有方面，其中规定：不到夏日，不得烧草为肥，不得采摘正在发芽的植物，不准捕捉幼兽、掏取鸟卵等等。

周至魏晋各朝代大都设置虞衡这一官职，这是掌山林川泽之官。其职责主要是保护山林川泽等自然资源，制定相关方面的政策法令。隋唐时期，虞衡职责有了进一步的扩展，管理事务范围不断扩大，据《旧唐书》记载，虞部“掌京城街巷种植、山泽苑囿、草木薪炭供顿、田猎之事”。宋元以后，除元朝设有专门的虞衡司以外，其他各朝都由工部负责资源与环境保护方面的工作。

这表明古代当政者对环境保护重要性的认识已上升到了新的高度，并开始从系统性的角度，来考量和管理自然资源与生态环境的保护问题。虞衡制度及其机构基本延续至清代，可以说这一制度是中国对世界自然资源管理做出的体制性贡献。

至于民间，保护生态的风俗更是五花八门、比比皆是。譬如：佛门的放生，就是保护动物的一种特殊形式；道教更是崇尚“山林仙居”，把“游”的精神贯注于山林之间，成为道教人士的栖居之地、修道之所。

丽江纳西族，古来有一种风俗，就是孩子从稍懂事起就被大人告知：如果你污秽水源，就必然要生病；如果你损害树木，就必然要落得肢体不全。这种看似迷信的思想，实际上是对自然界某种物质力量的图腾印记，在客观上却把一种原始朴素的生态保护思想，灌输到了一种民间民族信仰里面。

黔东南剑河县革东镇在每年农历七月，有个很独特的“抬狗节”，旨在感谢狗为他们的祖辈找到生命的水源。节日期间，村民们给狗戴上小虎帽、穿上人衣，用特制的木凳抬上狗走村串寨，以示对狗的尊重，并提倡万物平等，祈求风调雨顺，五谷丰登。

不久前，去过山西阳泉的董家寨村，这个古村落位于太行山腹地，离娘子关不远，村子坐北向南，依山傍水，悬于崖壁之上，靠南而下是颇为狭窄的条形田地，再下便是自西向东的温河水。村西头落座着清中期建成的平定县有名的王氏庄园。

这座城堡式庄园由3处院落组成，分上下两层，抛开上风上水的环境艺术和别具一格的建筑布局不说，其对于人居与自然关系的处理，堪称践行天人合一理念的典范。

下层一字排开18眼窑洞，乃因地制宜、因势而建；青石前墙、青石铺院和青石碹窑，乃就地取材；由于崖壁之上缺水，而温河水又汲取困难，便在下层院落砌筑大蓄水池，因此截留了崖壁上来水，且该院落上有滴水、下有水道引入蓄水池；下层主要圈养禽畜，另有蓄水池专供禽畜用水，且为洗菜、加工用水后的二次利用；这层院落还有专门的石碾、石磨等粮食加工窑洞，由于位于下方，不会惊扰上层院落的主人。

在王氏庄园，反映天人合一的建筑与设施不一而足，但最令人惊叹的是衣食住行之外的便尿处理，依我看来，在古代丝毫不次于我们当下实施的厕所革命。

其实，不只是王氏庄园，从上董家寨村到下董家寨村，几近3公里的古驿道上，由于居所全是悬于岩壁之上，空间逼仄，于是各家各户的厕所都选择建于院子之外、跨过古驿道一侧的悬崖之上，并由街道下潜修筑台阶，半隐于地下，这样，既解决了居家和来往之人方便问题，又关顾了院落和古驿道的卫生与环保。

更令人叹为观止的是，排泄物不用人工掏挖，而从地下管道直接流入了崖壁之下的田地之中。一个小小的厕所，绿色、生态、循环的理念贯穿得彻头彻尾，是真真正正的天人合一理念与可持续性发展。

结合以上案例，对于欧美人与自然和谐共生理念，我们有必要学习，洋为中用；对于我国古代的天人合一理念，则必须古为今用，进一步传承与发扬。这对生态保护与利用，以及对现代生态旅游开发有着极其重要的意义。

第二节　旅游对自然环境的积极影响

自然环境很容易受到旅游活动而产生消极影响。旅游活动对自然环境产生的消极影响比积极影响要多。任何一种活动对周围环境都会产生影响，如果活动程度较大，很可能会对原先环境造成破坏，因此，旅游活动对环境产生的积极影响往往是旅游活动的间接结果。当旅游活动对环境产生的消极影响大过积极影响时，那么几乎所有间接形成的积极影响都会被消极影响而覆盖，甚至以积极影响为目的出发的旅游活动会转而造成消极影响。

自然资源是自然环境重要的组成部分，而旅游的发展往往依靠的就是当地自然资源的独特性。我们提到保护自然环境，就首先要提及一下对自然资源的保护。关于自然资源保护的定义有很多，这里的意思是：正确细致地利用资源，产生有效的经济回报率，为将来资源的长期使用提供最多的选择。尽管正确利用资源是本应该的事，但常常由于人们只看重短期的经济效益而忽略了资源保护，忽视了长远的可持续发展问题。也就凸显出旅游在一个地方出现后，会使保护问题显得更加重要。

对于自然环境的保护，涉及范围较广、跨度较大，可以从多个方面讨论如何以旅游来促进环境保护，让旅游成为环境保护的一种方式，一种途径，真正做到以旅游带动经济发展的同时，利用旅游促进自然环境的保护。

一、旅游对自然环境的积极影响

（一）促进自然环境的改善和自然资源的休养生息

尽管发展旅游有时会对自然环境造成不利影响，但它能阻止在海湾、山林、湖泊等生态环境进行的更为有害的活动。例如采矿、树木采运、沙地挖掘、排污以及大规模的农场开垦，这些都会由于当地旅游的发展需求而受到限制。

旅游目的地基本都是在自然风光壮美秀丽的地方，比如国内的新疆阿勒泰地区、国外的澳大利亚大堡礁以及艾利海岸岛屿等。在这些地区，如果大面积伐木、石油开采或城市化发展过度都会对旅游业的发展和营收产生阻碍。这些地区被公布为国家公园或世界遗产并非仅仅是由于旅游，而是旅游自身所起的作用。当自然环境被列入旅游保护区时，政府、商家、游客、本地居民对该区域的开发和破坏就会受到限制，而间接地对环境起到了保护作用；同时，本地居民还会主动投入到保护该旅游景区自然环境的行列，不仅是为了保护环境，同时也是为了保持当地良好的旅游资源带来的经济收益。不仅如此，当地的人们还会参与多种保护环境的活动，自主地为环境保护做出不同的贡献，例如加入环境保护志愿者，为环境保护出力出财等，目的就是为了保护当地旅游良好发展的自然环境根基。

我国大兴安岭原本不间歇地进行伐木作业，后来响应国家号召于2015年3月3日举行了停止伐木仪式，转而重点发展旅游业，以保护和恢复森林生态。无独有偶，黑龙江雪乡拥有大片林场，当地结合特有的冰雪和林场资源，以新媒体为宣传渠道，重点发展旅游业，也是间接地对当地的林场起到了保护作用。

因旅游的积极影响是间接性的，所以在以发展经济为主线的同时，垃圾处理、野生动物保护、水质、空气质量等都必须成为我们需要考虑的外在因素，以实现经济的可持续发展。旅游经济的发展，对景区的环境也起到提升改善作用，如今政府通过投入越来越多的现代技术，以实现景区自然环境的质量监控和环境活动监控，让景区始终保持良好发展状态，实现旅游产业与自然环境的协同发展。

（二）防止地质灾害的发生

旅游项目的可进入性是在项目开发建设之初首先需要解决的问题，特别是国家公园、山林旅游项目等地理位置、环境特殊的景区。为了能使游客、登山爱好者能更方便地进入景区，欣赏自然美景，安全、顺利到达景区高地，通往旅游景区及景区内部的公路和山路都会得到很好的修缮。除了道路修缮，在旅游项目开发建设的整个施工过程中，都会通过对整个区域的考察和分析，将易遭受灾害的地段，通过现代技术予以修缮，降低自然灾害的发生率。原有的路面塌陷、山体滑坡等地质灾害的隐患被清除，经过技术人员的精准设计和严格施工，重新修建的道路和桥梁更加稳固耐用，抵抗各种侵蚀和灾害的能力更强。同时，通过对旅游道路的修建、路标信息的改善以及对危险地带进行人工隔离，大大降低了游客或登山爱好者另辟路径的可能，减少对山林土木的踩踏和破坏，避免游客遇险的同时，也使山林得到保护，间接防止了泥石流、水土流失等自然灾害的发生，保护了该区域自然环境的原始性。

二、人类活动对自然环境的积极影响

（一）绿色旅游低碳排放

碳排放被定义为关于温室气体排放的一种总称或者简称。由于现代技术的发展，经济实力的增强，人民生活水平的提高，汽车、火车、飞机已经成为出行旅游的必选交通工具。对于大多数年轻人来说，自驾游愈发成为出游方式的首选。汽车尾气的排放在一定程度上造成大气污染，但随着在汽车制造技术上的不断更新换代，汽车尾气的排放量较之前已经大幅降低；而且现在越来越多的人开始使用清洁能源车，旅游景区也不断提升和完善景区内的公共交通设置，减少汽车的驾驶和碳排放。

在城市发展的历程中，工业发展成为不少城市发展的经济支柱。为达到可持续发展，绿色发展，不少工业企业开始转型升级。2021 年 1 月，生态环境部发布了《关于统筹和加强对气候变化与生态环境保护相关工作的指导意见》，在这个意见里提出，促进钢铁、化工、石化、电力、煤炭、建材等行业随着技术升级而转型升级。“十四五”规划建议提出，减低碳排放强度。其目的，都是为了通过加强对气候环境的治理，恢复自然生态环境，实现可持续发展，创建更好的人类生存环境。

（二）旅游发展加大宣传作用，提升保护意识

在自然环境保护中，作为保护主体的社会各界而言，更应注重自身环境保护意识的加强，

利用宣传手段，多途径、多方位，加大宣传力度，提升保护意识。一方面，作为宣传主体，自身首先要拥有一定的环保意识并在此基础之上不断提升，在宣传的过程中不断加深环境保护意识，做到以身作则。另一方面，被宣传者在全方位宣传的熏陶下，形成从有保护印象开始，到拥有保护意识，再到自主环境保护意识提升的过程。当保护意识提升为日常生活的潜意识时，自然就会减少对环境的伤害，达到环境的保护。

（三）经济收入提升促进自然环境协同发展

旅游在发展过程中，不断刺激经济的活力，实现当地经济收入和居民收入的双增长。旅游作为产业经济发展的重要动力，在一定程度上增加区域经济收入，从而为植被种植、野生动物繁殖、环境美化、生态系统恢复等需要投入大量资金的自然环境保护与改善事业提供重要的资金来源。景区的日常运营维护和优化升级发展都是景区重要的资金输出方向，景区的创收不仅直接关系到景区的规划发展，更是提升了当地的居民收入。旅游的发展为当地增添了许多就业岗位，帮助当地居民实现收入方式的转变，并引导外出务工人员返乡就业。特别是近些年来，乡村旅游盛行，越来越多的年轻人返乡创业，依靠当地资源，创新改善加入旅游产业链，不仅带动了本地经济发展，同时也提升了自身的收入水平。当旅游为本地居民带来可观收入并使他们意识到当地的自然资源就是吸引游客前来旅游的“摇钱树”时，他们也会视若珍宝般地主动保护周边的环境，加入环境保护行列。因为只有环境美好了，游客才能前来游玩，才能为当地带来更高的收入，不仅关系自身收益，而且还能通过旅游建设来改善自身的居住环境，使自己的生活充分享受发展旅游所带来的红利。

延展阅读

微改造、精提升 安徽黄山风景区全力打造全国最干净景区

2022 年 7 月 1 日，安徽省黄山市正式出台《黄山市打造“全国最干净城市”三年行动计划（2022—2024 年）》。以黄山风景区、黟县西递景区为代表的该市 A 级旅游景区环境提档升级，推动微改造、精提升和“三线整治”已经着手行动。

黄山风景区管委会相关负责人 8 日表示，黄山作为世界双重遗产地、世界生物圈保护区、世界地质公园，是全球自然和文化价值的突出代表，更是国家级“卫生山、安全山、文明山”，为此先后修编了两轮环境卫生专项规划，牵头编制了《山岳型旅游景区清洁服务规范》国家标准，形成了《路段卫生保洁要求》《生活垃圾管理》《生活垃圾清运下山工作要求》等制度标准，厕所革命、垃圾分类、全民参与等走在全国同类景区前列。

据了解，黄山风景区以黄山市全域全国文明典范城市创建和景区全国文明单位创建工作为抓手，制定了《黄山风景区贯彻落实〈黄山市打造“全国最干净城市”三年行动计划（2022—2024 年）〉实施方案》，突出打造“最干净景区”工作目标，按照“席地而坐”标准，重点从各个片区、换乘中心、游客集散地等节点进行深度保洁，开展景观不协调、各类线路统一规划实施监管等问题的集中整治，进一步加强与汤口镇联勤联动联建等方面，深入推进 9 类 28 项专项行动。

目前黄山风景区有一支近 200 人的环卫队伍，实行专业化清扫保洁。其中，景区放绳工被誉为“悬崖上的舞者”，成为黄山卫生保洁的一道亮丽风景线。景区实行“垃圾下山”，每年运送约4500吨各类垃圾下山并按规定妥善处理，确保景区环境整洁。

该负责人说，黄山风景区在打造“最干净景区”方面有一定的基础。作为全国景区标杆、中国名片，黄山风景区更必须以“无须扬鞭自奋蹄”的精神，认真对照“席地而坐”标准，下足“绣花般精细”的功夫，不断提升精细化管理水平，通过“微改造、精提升”，不断提升景区品质品味，全面打造“最干净景区”，率先落实各项工作，率先出成效、出经验、出标准、成典范。

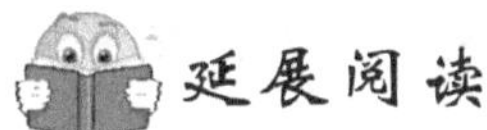

延展阅读

丽江老君山——资源保护和生态旅游协调发展

作为三江并流世界自然遗产地的重要组成部分，丽江老君山国家公园（以下简称“丽江老君山”）以其丰富的高山植被、珍稀动植物、众多的冰蚀湖、奇异的丹霞地貌及多民族多彩的民俗吸引了众多来自国内外的游客。多年来，景区坚持合理规划，实施保护前提下适度利用。

据介绍，景区内严禁采矿开矿，严格控制水电站、道路、大体量旅游设施等影响生态环境项目建设。“老君山国家公园虽然风景优美，但生态极其脆弱，一旦遭到破坏就很难恢复。”丽江老君山国家公园管理局局长和平生称，为了防止发生资源破坏，老君山管理局在景区建立起九十九龙潭、黎明两个管理所，派驻专人负责景区的日常巡查巡护、信息收集等工作。同时，组建片区资源巡护队，负责在片区的必经入口记录进入的人员、车辆的活动轨迹；登记生态环境、自然资源每天的变化情况等各项信息；并且负责起片区资源的日常保护工作。

据了解，滇金丝猴是老君山地区的生物“名片”，目前种群数量约有300多只。为在科学技术上寻求保护管理的新突破，老君山管理局通过与联合国教科文组织北京办事处、大自然保护协会（TNC）等专业组织的沟通协调，开展了老君山可持续发展研究，编制了《丽江老君山滇金丝猴调查监测工作方案》，引进了无人机巡护、无人操控摄像机监控等技术手段，加强对滇金丝猴的监控和保护。

此外，为提升群众的自然资源保护意识，老君山管理局每年都会通过走村入户宣讲法律法规、发放宣传资料、到景区开展保护知识讲座等进行宣传教育。“只有让广大群众真正地爱护老君山，自发地维护老君山才是长久之计，只有思想的提升才能真正杜绝破坏资源行为的发生。”

景区在保护老君山自然资源的同时，进行科学合理的旅游开发建设。多年来，先后完成了千龟山旅游索道、安七尼帐篷酒店、飞拉达攀岩基地、傈僳特色家访等旅游产品，初步建设成为了“吃住行游购娱”为一体的旅游目的地。

据悉，2018年丽江老君山景区全年接待游客53242人，比上年同期增长33.37%，实现旅游综合收入1261.83万元，较上年同期增长93.08%。目前，为推进旅游转型升级，丽江老君山正在探索建立全景旅游观光火车、长江第一湾双向观光索道等新兴旅游项目。

思考题

1. 旅游自然环境是如何划分的？

2. 旅游环境的影响因素主要有哪些？

3. 结合本章内容，列举出因发展旅游而对自然环境造成破坏的实际案例，分析成因并提出解决对策。

4. 说一说游客在旅游过程中都会出现哪些不良行为，这些不良行为会对旅游自然环境造成怎样的危害？并从旅游景区角度出发，提出可行的治理对策。

5. 旅游发展对自然环境的保护起到了哪些促进作用？

第三章 旅游对人工环境的影响

旅游景区内的人工环境主要分为两大类型，一方面是以自然环境为依托，在此基础之上修建现代化旅游建筑；另一方面是完全由人工打造、修建或维修形成的建筑区域，包括单个建筑或地区建筑群，现代化社会或历史建筑区，乡村旅游区或海上游乐区等。从旅游对人工环境的消极影响来讲，旅游业可能会对建筑物或遗址造成破坏。但从积极影响的方面分析，旅游业可能会促使废弃的、被遗忘的建筑等被重新利用起来，还可能使大型工业城的废弃地区被重新开发。本章我们将了解世界各地旅游对人工环境造成的一系列积极和消极影响。

随着旅游业的发展，游客的旅游倾向被广大商业投资者和景区经营者所研究，跟随游客的喜爱去修建娱乐设施、景区点、规划线等，例如水上嘉年华、欢乐谷、高空桥、博物馆、艺术馆、古镇、网红商业点或商业区等。旅游建筑凸显了现代化的发展水平，同时也彰显出这个时代人们的旅游观、消费观。而这些旅游建筑还映衬着时代的印记，古往今来的蜕变在一座座建筑中展现出来。游客的喜好、城市的发展、文物的保护、商业的扩展等都成为人工环境修缮和功能转变的重要因素。

在21世纪的后现代旅游中，旅游的发展影响与人工环境是相互依存的，旅游的发展需要人工环境的依托，而人工建筑的修建、完善、转变等都需要旅游的动力支持。本章内容分析人工环境下，旅游对人工环境的消极和积极影响，从而寻找更有效地保护和改善旅游建筑的方式，让更多的废弃建筑重见天日，让现代建筑更能体现旅游的印记，时代的发展。

第一节　旅游对人工环境的消极影响

旅游发展对人工环境产生的消极影响涉及的范围较广，不仅是对旅游景区的影响，同时也是对周边城市、乡村的现代化建筑、日常生活等各方面的影响。具体如城市扩张、农村地区城市化、建筑污染、交通和行人拥塞问题、建筑历史和遗迹的损耗、度假地开发等等，都对人工环境产生着消极影响。

对景区来说，旅游人次的增多，给历史建筑和遗迹带来的损害是最为严重且明显的。游客的涂鸦行为、商家的同化商业行为、管理者的非专业化管理方式等等，都随着景区的扩大发展而对该区域的人工环境带来深远影响。

城市的扩张加大了旅游的负重能力，农村不断城市化使得不少农村失去本真的乡村旅游特性。当大量现代化的建筑横生,随之而来的就是各种建筑污染问题,各种弊端从隐性转为显性。因此城市化发展,建筑群体的修建,在一定程度上为旅游增加了负担,使得旅游负重前行。因而也更加引发我们的关注,所以我们在本章的讨论中,还会从旅游本身脱离出来,来审视人类现代化建筑对旅游的消极影响,找到更适合均衡这种关系的机制,达到共同发展和可持续发展的目的。

我们首先从城市旅游开始分析,了解城市旅游对人工环境的影响,然后是对乡村旅游的影响。二者对比分析后更能凸显消极影响的程度和旅游对人工环境的破坏倾斜方向。城市与乡村旅游的发展和基础设施的改扩建,在促进了旅游发展的同时,对已发展和未发展的人工环境也产生着诸多影响。

大家可能已经注意到,在这里我们用到“乡村”一词,而没有用“荒野”,因为后者是指没有什么人工建筑的环境,是自然荒芜,少有人烟的区域。因旅游业是综合性较强、覆盖面较广的行业,为了更好地发展旅游,带动更多的行业发展,大多城市开始挖掘历史文化、维护历史建筑、修建新休闲娱乐场所,并逐渐扩大对荒芜地区的开发,让它与乡村、城市相结合,使得乡村旅游与城市旅游的建筑群都能彰显本地文化特色,吸引更多外地游客前往观光游览。但这同时也加大了城市的建筑密度,使城市的发展缺乏层级感。

一、城市扩张

由于城市的驱动力,使主要交叉道路沿线成为重要的地理位置。因为接近道路、铁路、航道就意味着便利,所以更容易接近市场。因此大量的城市建筑、景区周边的道路建设都较为宽广,且道路两旁修建了不少景区游客所需商店,增加游客的旅游便利,吸引更多游客舒心游玩,增加游客购物乐趣。同时还修建了必备的加油站,为游客的交通提供动力保障。汽车旅馆、餐饮店、购物店等大多都位于主要道路口,它们比离道路较远的位置更有优越性。甚至对于居民住房来说,位于道路旁边要比位于道路较远地方生活条件更加便利,生活成本也更加低廉。正因为如此,城市的开发大多是沿着主要交通走廊进行建设的。国外最典型的城市发展案例就是澳大利亚的布里斯班到伊普斯威奇或者布里斯班到黄金海岸,沿着主要交通沿线的开发,一个城市一个城市接连出现;各个城市之间彼此相连,呈现带状,这种情况就是带状发展。而在我国,城市的发展受地理因素影响,大多以交通发展的带状趋势为基础,呈现出网状、辐射状、散点状等区域性特点。由此可见,城市扩张为旅游的发展奠定了一定的基础。

(一)城市扩张的现状

由于地理环境、人文环境、人口分布等多种因素的影响,我国的城市扩张趋势与国外有很大的不同。

与国外城市的带状发展不同,我国城市的扩张大多以区域性发展为主,而我国旅游的发展也是在此区域性城市发展的基础之上建立起来的。以点到线,以线到面,以景点为中心,连接城市景区,整体发展城市旅游。以旅游大省云南为例,以大理的苍山、洱海、双廊、大理古镇、花海等多个景点为中心点发展旅游，同时以各景区点连接成线，再以线连接发展大理市的旅游；同理，丽江的古镇、千古情、玉龙雪山等各大景区支撑起丽江的旅游发展。站在云南省的宏观角度考虑，大理、丽江、香格里拉、西双版纳等连接成片的区域性发展旅游，无论是自然景观还是人文景观，旅游的发展都将是以城市区域性发展为基础。

我国目前的矛盾是人民日益增长的美好生活需要和不平衡不充分的发展之间的矛盾，而城市发展基本趋于上升发展阶段，不少中小城市为了人民更好的生活，对城市发展规划更为壮丽。因此城市扩张也在前进的道路上，不断将周边城郊的基础设施完善，将扩张的触手逐渐伸向农村、发展农村，使得农村城镇化，振兴乡村。因此也使得大量现代化建筑和基础设施纵横城乡，连片成区的发展使得城市逐趋繁荣，不断升级，为旅游奠定夯实的基础。

（二）旅游对城市扩张的消极影响

城市扩张在一定程度上为旅游的发展奠定基础，但旅游反过来对城市扩张的影响却是消极殆尽的。旅游在某方面阻碍了城市扩张的前进脚步，使得有的城市就此而边缘化；旅游活动中，游客的不当行为使得城市的扩张披上肮脏的外衣，城市扩张原本为区域发展铺路，但由于游客的不当行为，使得扩张道路中止不定。以上两种影响都使得城市扩张处于扩张与不扩张的十字路口。

1.建筑环境因素

城市扩张会受到古建筑、历史文物等环境因素的影响，不得不延缓脚步，寻求更为稳妥的方案解决；但有时也会衡量利弊，依从城市扩张发展的大趋势而行。2016 年 9 月，辽宁省凌源市一座有着 300 多年历史的清代古宅被施工队拆除，原因有两个，一是这座古宅并非名人故居，因而没有任何保存价值；二是该古宅阻碍了城市的交通发展。站在城市扩张发展的角度，这座古宅虽被拆除，但也延缓了城市发展的进度。而云南的丽江古镇、大理古镇，在考虑发展旅游的同时，还要设法保护凸显云南特色民族风情的古建筑群落，因此古镇区域就必须以古建筑的修缮、翻新为基础，寻求另向发展。这些区域的现代化城市开发、道路建设也因此不得不绕古镇而修建。站在不同的角度来看，建筑环境也是阻碍城市扩张发展的一大阻力。

现如今寸土寸金的城中心区域，对于城市发展也是一大阻碍。城中许多废弃房屋空地也都因该区域地价昂贵，而无法被拆除进行合理利用。经济要发展，旅游要发展，但不断的开发和建设需要大量可利用区域。旅游的发展迫使城市的升级扩张，物价上升、建设成本增加，原本闲置的区域价格也随之提升，更加加重了原本可利用资源的病态。在这样的恶性循环中，提升了城市扩张的成本。之前我们说过，旅游业是综合性较强的行业，对地域要求也较高，周边的房产、交通都将因旅游的发展而同步提升，因此也大大推进了该区域商业的发展，但建设投资的成本也随之增加。所以城市在扩张当中，许多隐性的因素都需要被考虑，这也是影响城市扩张进程的一大重要因素。

2.游客与原住民因素

对于城市扩张和旅游目的地开发的主导者、参与者、利益相关者而言，发展旅游是利好趋势；但对于城市扩张来说，旅游就是城市扩张道路上的绊脚石，其中最重要的因素就是人为因素的影响。旅游目的地原住民与游客共同影响着城市扩张的发展。

(1)原住民影响城市扩张。城市扩张必定会牵扯到被开发地区的居民,包括居民的居住环境、生活条件、生活质量等。因此在许多城市扩张、房屋拆迁、商业中心重建等项目中,存在的最主要矛盾就是原住居民和改扩建项目的利益均衡问题。原住居民得不到满意的赔付或者商业建设者无法满足居民高昂的赔付要求,矛盾迟迟得不到缓解,使得城市扩张、城市改扩建施工进展缓慢。

一般情况下,原住居民都希望得到更高的物质或者金钱的赔付,才能同意城市的改扩建。在我国城市的扩张建设过程中,这样的问题普遍存在,各种各样的钉子户屡见不鲜,而其成因皆由双方协商未达成一致的意见所致。其中,有不少案例最终或因城市发展的工期问题,或因各方面成本消耗因素,开发建设方不得不经过综合考虑而制定相应的解决方案:有妥协支付赔偿的,也有绕道发展的,但最终都对城市扩展的进程形成了一定的阻碍。重庆"最牛钉子户"形成孤岛模式;长达 7 年的深圳"独栋钉子户";上海坐落马路中间的"最强钉子户"等等,这类案例比比皆是。

不仅仅是拆迁赔偿问题,同时原住居民的生活成本问题,也影响着城市的扩张。原本处于郊区的居民,周边物价低廉,始终处于低消费水平。但由于城市扩张,高楼大厦的修建,商业区的修建,休闲娱乐区域的新建,生活成本、物价成本陡然上升,为原本低消费的群体带来了经济上的负担。薪资待遇并未上升,消费成本上升了,为居民的生活增添了更多生存负担。因此,这也成为相当一部分居民不愿意城市扩张改建的一个重要原因。

(2)游客影响城市扩张。旅游促进了城市的发展,而城市的发展又带动了当地旅游的发展,从而吸引更多游客前往游览。当游客较多时,难免不会出现安全问题。一旦景区或者开发地带出现重大安全问题时,就会处于暂歇状态;与此同时,还存在着因游客的涌入而对当地造成的环境问题,这一问题在城市的扩张和修建时,也起着一定的影响作用,因此,游客环境因素也应被考虑在内。

当城市游客增多时,游客的可控性就大大减小。由于部分游客的个性表现突出,越轨行为较为明显,比如翻越栏杆,私自到未开发地带游玩等而发生安全事故,这不仅是对景区的危害,影响景区的发展规划;同时也影响到城市的扩张修建,一旦该区域出现重大安全事故,那么必定会对整个城市的发展带来相应的影响。

之前提到,游客环境因素是我们同样应考虑在内的。游客在游览过程中的低素质行为不仅是对景区的破坏,更给城市带来负担,为城市的扩张增添阻碍。为了避免游客不当行为有可能产生的不利影响,拥有良好环境的城市往往会对其开发程度设定一定的限制和限度,以防止较多人的前来而对环境造成破坏。比如某城市的郊区坐拥着半山绿树,有良好的自然生态环境,如果开发该区域则会吸引很多人前往进行休闲旅游活动。无论前来旅游休闲的游客数量是否超过该区域的承载能力,游客的到来势必会破坏该区域的自然生态环境,因此当地政府不得不选择不对该区域进行开发并修建保护区,禁止人流来往,减少该区域遭受破坏的概率。因此,站在环境保护的角度,不仅是对外来游客,同时也针对本地游客而言,城市的扩张受到削减,游客们失去了一个可以休闲游玩的旅游空间。

二、乡村城市化发展

随着经济的繁荣发展和人们收入的提高，旅游已经成为大多数人首选的一种休闲方式，特别是对于城市里朝九晚五的工作者而言，周边游成为他们最佳的选择。而城市周边的发展也逐渐便捷化，使得原本保持本真的城郊乡村逐渐出现城市化趋势。越来越多的城市人选择在近郊建立自己的第二居所，以求得一个可以暂时逃离城市喧嚣、回归自然田园的“世外桃源”。一些旅游地产开发商和旅游经营者们也针对这一市场需求，开发了不少旅游地产和生态农庄项目，以满足这类人群“慢生活”的度假需求。这种第二居所不仅在国内出现，在许多发达国家也同样大量存在，如英国、加拿大、美国、澳大利亚等。尽管这种形式的城市化发展相较于传统的城市扩张发展或沿海度假胜地发展并不太明显，但它也是一个重要趋势。导致这种情况出现的原因我们大致可以归结为：人们实际收入的增加，娱乐时间变多，城市环境恶化，房地产投资机会变多等几大因素。

（一）乡村城市化因素

国际研究表明，主要在三种区域容易出现第二居所：距离城市中心较近且容易到达的郊区、乡村地区，沿海地带，景色迷人的山区。第二居所的开发为这些地区带来的主要变化有：道路的修建、植被的破坏、原住民原有住所的改变、增加废弃物污染以及农村城市化的稳步发展。

虽然任何一处第二居所只可能产生较小的影响，但 100 个第二居所汇聚在一起，就会给当地带来重大问题。可是，第二居所项目的开发往往是以慢速递增的形式发展的，因为每项开发都比较小，所以很少引起大多数人反对。只有当整个地区被开发，人们才意识到潜在的危害，但却为时已晚。

随着经济的快速发展，农村区域的人民也向往城市的发展。不仅是追求更多就业机会和经济收入的增长，更是希望自己及家人住房有保障、医疗有保障、教育有保障。城市相较于乡村，出行更便捷，环境更干净，生活质量更高。因此大多数乡村居民也期盼乡村城市化。

在乡村城市化的趋势下，不少的乡村居民为追求更好的生活发展，提升经济收入，改变了原有的收入来源方式，参与到旅游的大行业当中。利用自身原有的旅游资源，美好的环境，乡村的气息，田园的生活等，改扩建自家房屋，制作本土文化，发展民宿业、农家乐等。

（二）乡村城市化现状

城市化扩张，带动周边环境的发展，交通、住房、商铺、公园、娱乐等都与城市接轨，使得许多原先的农村地区逐渐发展成为城市的第二商业发展中心。这大多是在城市的规划发展内的。原城市商业区发展受限，便需要寻觅一处更为宽阔、发展潜力更大的区域。因此，不少新城区拔地而起，完备的基础设施建设和完善的民生消费服务一应俱全，新兴的城市商业中心就此发展起来。

乡村城市化推动整个社会的发展，同时也扩大了本地区的城市发展空间，促进了生产力的提升和经济效益的增长，改变了当地居民的生活观念、教育观念等，提升了居民素质，改善了原有的生活质量。乡村城市化在政治、经济、文化、社会发展的各领域中是联系城市和乡村发展的纽带和桥梁，是城市发展的重要支柱。

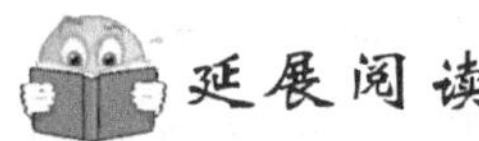

延展阅读

湖南省长沙市高新区麓谷街道新型城镇化建设，由农村发展成城市，农民转变身份为市民，麓谷坚持以新型城镇化引领，坚持发展先行，用产业发展来支撑城市化的发展，抓好民生的保障，用人本主义夯实城镇化发展。“天峡模式”是湖北省宜都市天峡鲟业有限公司创办的一个单元模块，主要是失地农民、下岗员工、上岸渔民，棚户区居民等贫困群体庭院经济与现代农业规模效益完美结合的创新模式。多如此类的案例，不仅是发展产业，革新原有的收入来源和经济发展模式，更是在基础建设上发生质的变化。道路实行村村通，由原有的泥土路变成了水泥路，经济发展较好的地区实现了柏油路，居民的生活质量、交通出行、就医就学得到了更好的质量保证。

（三）乡村旅游的发展对人工环境的影响

随着乡村地区城市化的发展趋势越发成熟，乡村地区的经济也随之快速增长。但在整个发展过程中，旅游的各个环节相互贯通，一个地方出现问题，则多个环节受到影响。因此乡村旅游在发展过程中，不仅自然环境会受到影响，人工环境也同样面临威胁；而这些影响和威胁有时甚至会反作用于当地旅游的发展。

在不少城市化区域的周边，人工湿地的修建较为广泛。人工湿地的建设在城市中起着重要的作用，是一个综合性的生态系统，应用物种共生和物质循环再生的原理，结构和功能协调的原则，在促进废水中污染物质良性循环的前提下，充分发挥资源的生产潜力，防止环境的再污染，获得污水处理和资源化的最佳效益。但乡村旅游的发展使得这一生态系统面临受到严重破坏的威胁。游客胡乱扔的垃圾、为发展旅游而缩小的人工湿地区域、旅游建设和生活污水的排放等，都为人工湿地带来严重危害。

游客涌入带来的最直接问题就是垃圾问题。游客乱扔垃圾的行为不仅会破坏湿地，也会破坏乡村周边的环境。果皮、食品包装、餐后垃圾等一旦被游客胡乱扔到河流、草地、山地或者其他不便于清扫的地方，如果不能得到及时清理，经过腐化、发酵后，就会如蝴蝶效应一般，不仅对乡村地区的自然生态环境产生破坏，甚至会影响到乡村里的一些基础设施，减少设施设备使用年限，加大维护维修成本，间接影响基础设施的使用。

三、建筑污染

无论是在旅游发展还是城市化发展的过程中，建筑物出现超规模发展。为了追求实用性和低成本，往往在建筑风格上缺乏统一的规划，致使其与周围原始环境的建筑风格并不协调，这就叫作“建筑污染”。后来，各城市在修建建筑物的过程中采用国际上普遍使用的温和建筑风格，这种做法虽然能使建筑物融洽地融入城市的整体中去，但也因此失去了地方特色。比如西班牙的贝尼多姆，澳大利亚的冲浪天堂，美国佛罗里达州的迈阿密，不同国家的建筑理应突出国家自己的特色和文化，但由于发展融合问题，他们的建筑都惊人的相似，却缺乏了各自的地方特色。

（一）旅游对建筑污染的影响

有时，违背潮流也有其原因。一个饭店或度假胜地建筑有意设计得与众不同，以此来吸引更多游客。英国早期维多利亚铁路饭店就采用了不同的建筑风格。它们正面装饰华丽，规模巨大，故意吸引游人注意。杭州西湖边香格里拉饭店东楼建筑标新立异的设计就是典型的一个例子，为追求更好的经济利益，让游客获得更好的居住使用感，拥有更好的环境，开发者特意将它建设在西湖周边。曾经，青岛市的一些旅游商店会为了凸显个性，突出自家形象，提升辨识度，而将建筑外墙涂抹上各种颜色，以吸引顾客到店。这种做法使得这些建筑与整个环境不相协调，过于"扎眼"，影响了整个城区的风貌。该市工作人员认为，商家这一行为属于擅改门头牌匾，使外观与周边环境极为不协调，与本市独具特色的城市空间视觉效果相去甚远。

大众化旅游时代的到来，使旅游发展更为迅速，选择旅游出行的人会越来越多。在商家的敏感嗅觉下，各种旅游建筑、商铺、游乐场所纷纷兴建、修缮，但许多建筑的兴建并未与城市的整体规划保持一致，所修建的建筑破坏了城市的整体环境，还有不少高楼建筑修建后间接产生了光污染，楼房外墙玻璃的光射问题等。这些不仅仅影响了城市的整体美观，同时也存在着安全隐患，影响着游客的旅游体验。

（二）建筑污染的修正

尽管旅游已经成为人们生活的一部分，提升了人们生活的幸福指数，为城市经济发展带来巨大收益，但与之相伴而来的各种问题建筑也已经成为各地区政府不得不正视和下大力度处理的严峻问题。为维护城市美貌，保护部分稀少的环境，各个城市纷纷出台相关的整体规划决策，整改已修建的问题建筑。

为保护西湖作为世界文化遗产的整体环境，杭州市政府将在 2035 年西湖边香格里拉饭店对外租赁期结束后，对该建筑进行降层或者拆除工作。尽管该酒店能为本市带来不少经济收入，但其与整体环境的不协调，已经破坏了文化遗产的整体景观效果，理应受到整改。青岛市政府为了给本地居民营造舒适的生活环境，给外来游客留下美好的城市印象，创建高品质的人居环境，已对部分商家对涂抹建筑物外墙的行为处罚整改，恢复了建筑物外墙的本来颜色。

随着经济社会的发展，人民的生活水平不断提升，居民对城市的功能和居住环境的要求也越来越高。尽管旅游为城市带来了更多的生机与活力，但如果影响到当地居民的生活环境和生活便利度，那么这样的发展带来的收益则是得不偿失的。现如今我国城市规划设计主要包含了三个方面：第一，对城市进行产业化整体布局，设计好一个个产业点；第二，在交通出行方面，纵横交错地规划好一条条线；第三，在整个城市的环境和功能上改善升级，规划好一块块面。严禁突兀，不协调的建筑或者其他基础设施的修建，减少城市建筑污染，降低旅游为城市建筑带来的隐性危害。

四、饭店密布城市

在世界许多城市，旅游是一项重要活动，也是城市经济得以发展，取得经济收入的重要来源之一。一般来说，各个国家的首都本身就是重要的景点，首都城市就是一个国家的门面，而且历史都比较悠久，景点更为吸引人。中国的北京就是典型的例子。不少外国游客进入我国是由北京首都机场入境，北京这座城市的样貌成为外国游客对中国的第一印象。在北京，游客可以参观故宫博物院、颐和园、圆明园等诸多旅游景点以及酒吧、游乐场等娱乐场所。尽管城市可以接纳大量人口，但每天在北京有上千万人在生活和工作，他们像其他系统一样也有自身的承载量。餐饮问题是旅游行业当中首要解决的问题，是人体最基本的生理需要，也是城市旅游最基本的配套设施。即使是发展水平一般的城市，交通要道周围，例如机场、火车站、客运站、码头等处也是餐饮业商户的聚集之地。

（一）餐饮业密集引发的问题

在任何游客集中的地方都有服务设施，吃住行游购娱六项相关行业的基础设施齐全。餐饮店在许多大小不一的城市中都占据了整个城市的不少空间。餐饮业通常为城市经济带来丰厚的利润。但不幸的是，越来越多的外来餐饮经营者在城市发展的过程中逐渐取代了当地经营者，外来餐饮品牌抢占本土市场。虽然人口迁移可以被认为是一个社会问题而不是一个环境问题，但这些外来的饭店建筑结构、体积和设计通常与周围原本建筑形成鲜明的对比。

在我国许多历史悠久的古城区域，建筑物很少超过三层，而现代饭店则大有入侵之势，不少饭店有五六层高，特别是在一些商业广场。过量的饭店建设引起交通问题，停车问题以及深夜活动带来的噪音问题。城市内部建造新饭店必然迁移先前在同一地区的其他形式建筑。当城市的餐饮商区较多时，食客的停车问题，道路拥挤问题则油然而生，除部分大型酒店以外，多数餐饮商家周围停车位较少，多数是广场商业街两边道路停车位或地下停车位，当车位停满后道路开始拥挤，食客无法寻找到合适的停车区域。

不同层级的饭店带来的问题严重性各有差异。如今夜间经济发展旺盛，不少摊贩沿街摆摊，夜宵夜市红火异常。深夜凌晨仍然营业的餐饮行业，面临的问题是客户过于嘈杂，聒噪的声音影响周围住户、居民休息；夜间餐饮多以酒肉为主，食品浪费、污染环境等问题也为城市清洁工带来工作负担，为行人的过往带来异味的烦恼。城市饭店修建过于密集，厨余垃圾的清理，食物残羹冷炙的处理问题，给城市的垃圾处理带来极大的负担。

（二）餐饮业的发展影响

餐饮业作为第三产业中的支柱性产业，起着非常重要的作用，能够振兴消费，在扩大内需的基础之上以达到保障就业和普惠民生。但餐饮业在消费市场中的问题也是不断出现。因此了解餐饮业在消费市场中的地位才能更好地了解餐饮业在旅游消费市场的作用。

1. 餐饮业在消费市场中的影响

粮食是民之根本，在人民的消费活动中占重要地位，是人类为了生存而必须满足的生理需要。我国餐饮业的营业额及其收入每年以100亿的速度稳定增长，加之与互联网的融合，将餐饮业发展为线上线下结合模式。外卖、配送、客户端都伴随着“互联网＋餐饮”的融合发展起来，新添就业岗位，增加消费模式，提升各行业消费指数。

民以食为天，即便发展较快，稳定增长，但中间不可忽视的问题也接踵而至。餐饮业消费市场管理法规建设滞后，餐饮业发展环境需要改善，餐饮业结构失衡问题的突出，餐饮消费市场标准化与产业化程度欠缺等等。针对这些问题，在以后的发展过程中应先逐步消除餐饮业消费市场的结构失衡问题，推动餐饮消费市场的标准化与产业化发展，制定更为完善的消费市场法律法规，加大立法管理，改善提升餐饮业消费市场的发展环境问题，为餐饮业的发展营造良好的发展氛围。在保证企业利润的情况下，优化消费市场布局，促进餐饮业的持续稳定发展。

2.餐饮业在旅游景区的影响

旅游行业中，餐饮业排在首位，也没有哪家景区没有餐饮业的存在，由此可见餐饮业在旅游景区中占据的地位十分重要。在中国旅游景区，餐饮业发展优势颇多：风土人情较盛，展现地方文化特色；毗邻旅游景区，就餐环境就别具一格，各有特点；包含许多当地的特色小吃，带动整个景区的市井繁荣。也正是餐饮业在景区的繁荣，拉动了景区的人流量，促使了景区的进一步发展。

随着旅游业的快速发展，餐饮行业也随之发展，体量逐渐上升，但也因此伴随着更多的问题。餐饮业经营环境差，卫生条件不达标；价格昂贵，部分地区出现宰客现象；食品质量没有保障，味道并不具特色等。这类问题普遍出现，也表现出餐饮行业在旅游发展中的停滞状态。上述的相关问题也已经引起了各部门的重视，政府也试图优化相关政策，规范餐饮经营，提高经营者的环境卫生保护意识，为景区的发展打造良好的环境。在未来的发展趋势中，景区餐饮业不断打造景区特色，保证游客前往可品尝到当地具有特色的美食，促使景区向更绿色的方向发展，提供高品质、高绿色的食品保障，不断走向标准化、大众化。

五、交通和行人拥塞问题

尽管城镇是为人类居住和发展而设计，每天都有当地居民或过往游客来往，但大量游客涌入会引起城市超负荷问题。许多历史古城起初是在现代交通成型之前建设的；而现在的交通很多并不是为了游客而建。在城市的形成发展之初，交通就开始为之而修建。所以现在部分老城区很难应付本地交通的承载量。有些城市的老城区成为了历史遗迹，不断吸引游客的游玩，但游客喜欢的交通方式仍然是乘车旅行，便使得以往这些狭窄的古老街道变得更加拥挤。不过好在如今出于治安维护和古遗迹保护的考虑，很多历史古城区和旅游街区已经禁止车辆进入。

可是，行人过多也会引起问题。许多景区不仅本地常住居民较多，同时也因旅游地区的特殊吸引力吸引大量外地游客过来游玩。交通拥塞状况引起当地人的不满，对本地人的生活造成许多困扰，同时对一些古道、城墙、教堂地板也造成破坏，城市不断的维修翻新为当地的交通也带来拥堵。许多历史建筑仅仅由于游客走动使之也受到破坏或陷于危险中。因历史建筑时间悠久，承重能力、抗破坏能力降低，许多游客在单一的游览走动中就有可能严重破坏历史建筑。

（一）交通和行人拥塞的原因

交通的便捷带动旅游的发展，旅游的发展又吸引更多人流量，二者相互交织也相互影响。但城市扩张、经济发展、便民利民政策等各种因素的综合影响，也形成了交通拥塞，人口拥挤的现象。生产技术和能力的升级为私家机动车的普及提供了支持。近年来私家车数量激增，成为城市交通拥堵的重要因素。虽然各地都在倡导公共交通绿色出行，但交通拥堵问题并没有因此而得到彻底解决。

城市的发展必然是在交通建设的基础之上。古人言之，要致富先修路。交通建设的发展为城市经济和社会人文发展奠定良好的基础，物资运输、人口流动都是在完善的交通网络上实现的。以往，在城市的发展过程中，人们都期望修建更多的道路，这样可以提升人们生活的便利度，能够“走出去”也能“带回来”。然而，当城市已经被纵横交错的交通道路布满时，带来出行范围延伸的同时也带来了交通的拥堵。当城市经济迅速发展，各地的人口逐渐倾向于向一线发达城市迁移，例如广州、深圳、北京、上海等。这类城市交通网络密布，人口拥挤繁杂。同时，这类经济发展迅速的一线城市也是旅游发展的前沿阵地，每年都吸引着大批游客前来观光游览，使得这类城市的拥挤程度更加严峻。

（二）交通拥塞与旅游发展的影响

交通是发展旅游的前提条件，旅游为交通带来的却是负担。在城市的发展过程中，交通线路穿梭于城市的各个角落，这里所说的交通不仅是指机动车道，同时也是指非机动车道，包含了大街小巷行人道、古道等。

1. 旅游为车辆道路带来的负重

旅游本是为城市的发展带来牵引，为经济的运转提供动力的源头之一。但旅游的过度发展，特别是在车辆纵横的城市，旅游已经为城市的交通带来了堵塞问题，同时也为交通道路的损坏增加了压力。当城市，特别是景区的道路被车辆碾压频次过高，负重过大时，道路的严重磨损会导致地面开裂、打滑等情况出现，进而带来更多的附加伤害，比如车辆磕碰、追尾，行人摔倒等。

城市发展程度越高，道路拥挤的负担就越重，会对当地人的生活带来严重影响。上下班高峰期的拥堵，新添了居民不少烦恼，虽然发达的交通网络在一定程度上提升了消费指数，但更多隐性的问题也不断暴露出来。

2. 旅游对人行道路的压力

旅游为当地的人行道路带来的压力也颇为显著。人流量增大，流动频次提升，使得原本一条通行十人的通道转为承载百人的道路。特别是在大众旅游时代背景下，游客们都具备较高的消费欲望和消费水平，加之网络自媒体的有效宣传，一旦出现网红景点或网红商铺，游客们就会蜂拥而至。而在一些历史悠久的古建筑周围，在修建道路时，为了保护建筑的完整性和安全性不得不对道路的设计进行变动，一般都是将人行道路变窄，给建筑留出更多的缓冲空间。

（三）行人拥堵与旅游发展的影响

行人拥堵大多表现在两个时段，一个是上下班高峰期，人们在忙于工作的路途中穿梭在城市的每个角落；另一个就是节假日，处于空闲期间的本地人或者外来游客聚集在各种可供休闲购物或放松娱乐的地方。

旅游在发展过程中对于游客数量的研究重点在于一个景点一段时期的旅游人次。较大人流量为景区带来的拥堵会产生各种问题，比如影响游客游览感受、容易产生拥挤踩踏事故、对景区建筑设施产生破坏等。那么，如何将人流量控制在最优的承载范围便成了各个旅游城市和景区都在考虑的问题。目前，国内很多景区都引用了"互联网＋"游客监控云平台系统，来监控景区内游客人数，分析景点内游客易聚集的区域和时间段，以及时采取相应的疏导应急和限流措施。

城市在旅游发展过程中，虽然受众多因素的影响，但游客作为行为主体在旅游过程中占主导地位，因此城市中日常的行人拥堵情况和景区内及周边的游客行人流量对城市和旅游的发展也带来了颇为严重的影响。

（四）城市旅游拥挤问题的解决途径

城市的拥挤状态在一定程度上会降低游客的游览欲望，在游客选择旅游目的地时，会在主观意愿上避开拥挤地区。长此以往，对城市的发展将会形成壁垒。当旅游所吸引的游客反而给城市的发展带来负面影响时，城市的领导者、规划员等也将这类问题作为城市发展的问题因素，制定相应的规章、政策等来缓解这类问题的出现。

首先，在管理上制定相应的城市交通和旅游政策，制定完善的管理机制；其次，利用信息化时代的网络技术，严控交通、人流量的交集，将人流量和交通密集的时间段给分散开来；再次，利用营销手段和优惠政策，稀释旅游旺季的人流量，提升旅游淡季的游客数量，使得城市的发展平缓，减少出现人流波动。提高行人的交通安全意识，不仅可以遏制交通事故的发生，同时也减少了交通拥挤的现象，在实施手段上较为直接。

六、历史建筑和遗迹的损耗

历史建筑和古遗迹是一个国家，一座城市发展的见证，是不可再生文物。《威尼斯宪章》说："世世代代人民的历史文物建筑饱含着过去岁月传下来的信息，是人民千百年传统的活的见证……"但历史古迹被人为损害这个问题，却一直存在，并在拥有悠久历史古迹、古建筑、古文化较多的城市中更为严重，如修道院、城墙、古街道、楼亭、教堂、城堡、古楼等，在其国家历史发展的过程中时刻存在着被人为损毁的威胁。

（一）古建筑破坏的因素

在漫漫历史长河中，古建筑、古文物是历史发展最好的见证，是承载历史文化信息的重要载体，是城市的文化历史、经济社会、人文变动的积淀物，而这类古建筑一旦被破坏，由于不可复制性，其自身及所饱含的历史文化信息都将不复存在。

1.人为因素

一座城市或者一个国家的存在，是因为有人类的存在，人类既是城市的缔造者，历史的推进者，也是历史演变的主导者。历代王朝为扩宽领土、守卫边疆、安民乐业，城墙的修建、古城的修建等等都使得一座座历史建筑拔地而起。废旧立新、去陈换新等不断选择更为优良、更为有助于城市和国家发展的政治思想和管理举措，也是使其古建筑不断更新换代的因素之一。但在近现代历史发展过程中，第一次世界大战、第二次世界大战的爆发，使不少人文历史建筑一度受到损害，甚至荡然无存。

在现如今的城市发展中，虽以保护古文物、古建筑为主线，但在旅游的过程中，古建筑也会受到不同程度和方式的破坏。游客前往景区游玩，面对各种古建筑，或出于个性张扬，或出于心情的抒发等原因，在古建筑上雕刻自己名字或者一句话语，或者损坏一部分携带离开等等行为层出不穷。不少亭台楼阁被游客留下“某某到此一游”“某张爱某李一生一世”等各种言语。同时，由于政府监管部门管理不到位，一些商户为谋求商业利益，对原本有保存价值的古宅、古建筑进行随意拆改，破坏了古建筑的原真性，使得所蕴含的历史价值流失，甚至影响了古建筑的寿命。

2.自然因素

至今为止，人类的力量再强大，科技再发达，也无法抵制自然灾害的力量。人类在自然力量面前是弱小的，面对各种自然力量的破坏，如雷雨交替、风吹日晒、地震、泥石流、水灾等，古建筑的承受能力普遍脆弱。而古建筑所使用的建筑材料主要以木材、草料和石料为主，这类修建材料防腐、耐久性较弱，在历经百年甚至千年之后难以面对自然的各种力量，因此不少历史古建筑也消失在自然的损害下，甚至毫无踪迹可循。

（二）古建筑保护现状

在我国的历史发展过程中，古建筑存在的意义颇多，有对古人、名人的怀念；有对一段历史的见证；有文化考究和历史研究的价值；还可以作为旅游发展的物质基础和人文精神积淀。虽然我国目前有《文物保护法》和《名城条例》等与古建筑保护相关的法规条例，但也有部分名气不足的古建筑在城市发展的过程中被迫拆除。而被保留的具有重大历史意义或者名人古迹的建筑，很多也被利用于商业的开发和旅游的发展。

古建筑不仅是某单个城市或者国家的历史见证，更是全世界珍贵的文化遗产。面对如今高速发展的现代化社会，承载了千百年的历史古建筑在人民的生活中并未引起足够的重视，才会使得不少古建筑无辜受到损害甚至消失。对古建筑的保护性破坏是当前古建筑在修缮过程中的主要问题，这主要是由于一部分文物保护者对古建筑的发展历史和修建认知较浅，缺乏深刻的理论和文化认知，以及非专业领导者的错误决策造成的。而且，古建筑所使用的建筑材料与现代的修缮材料存在一定的差异，无法从根本上修复古建筑，所以对古建筑的管理和修缮需要很强的专业性。不同时期、不同朝代对古建筑的修缮是随当时的审美和技术的变化而变化的，不断因审美和技术因素变化而遗留下来的历史修缮痕迹也更加使得古建筑在保有悠久历史感的同时又蕴含了不同历史的文化特点。因此，对古建筑的修缮也是其历史发展的一部分。

（三）旅游对古建筑的损耗

古建筑不仅是历史长存的产物，是城市的发展见证；在现代化社会中也是旅游吸引物，是景区的保护重点，更是学者、文人、考古人员游览的重心。但随着旅游人次的增加和旅游过程中有意无意的破坏性行为，使得古建筑的损耗变得越发严重。

1.修复人员对古建筑的损害

由于我国古建筑多采用土木或者砖石结构，数百年的自然侵蚀外加人为因素的各种损坏，对古建筑已经造成不可挽回的破坏。如今我们所见的多数古建筑大多是经大规模翻新后才重新呈现在大众面前的。虽然我国对于古建筑已经普遍展开大量的修缮和保护工作，但由于技术、材料等多方面的因素，对古建筑的修复仍然存在较多的问题和风险。

由于古建筑以往的防水防腐材料与目前现代使用的不一致，加之修缮施工人员的修缮技术不精，专业素质较低，未能掌握古建筑修复和核心技术工艺，对历史了解不深入等各种原因，在修缮古建筑的过程中，很容易造成对古建筑原有材料和结构的舍弃以及修缮材料挑选和用量得不当，导致古建筑失去原有的风貌和特点。而目前对古建筑修缮人才的培养，对古建筑研究、维护、修复工作者的人文关怀，和待遇提升也有待推进。

2.游客对古建筑的损害

古建筑因其独特魅力，以及其自身的历史价值和艺术气息的存在，吸引大量的游客前往参观。大量的游客游览促进当地经济效益迅速上升，但在一定程度上却忽视了古建筑的承载能力。当游客的数量达到一定的饱和程度后，便会给古建筑带来磨损，同时也会为古建筑的保护工作带来极大的阻碍。

游客对古建筑的保护意识缺失，对古建筑的游览仅限于游玩的角度。因此也有不少古建筑、古文物被游客破坏，例如被列入世界文化遗产的万里长城上的砖块、具有三百多年历史的故宫铜缸、数不胜数的古楼阁等被游客刻上自己的名字，这不仅是对古建筑的破坏也为修复古建筑的工作人员增添负担。不仅如此，游客在古建筑区域游览时随手扔的垃圾，一旦被扔到隐蔽处，经过长时间的腐蚀，对古建筑的破坏也颇为严重。

七、度假胜地开发

旅游对人工环境的最大影响可能是对人类聚居地的影响，即把人类聚居地开发成度假地。旅游度假地是许多地方的重要景点。度假地在现如今看来并不是新鲜事物，但最早旅游度假地的开发却是从国外开始的。我国是20世纪70年代开始对旅游活动有所研究，而国外对旅游的研究比我国早。15世纪以来，欧洲有矿物质温泉的人类聚居地就已被开发成温泉度假地。在澳大利亚，沿海度假胜地是在19世纪晚期发展起来的，例如布里斯班的温纳姆和圣盖特旅游胜地，悉尼的曼利海滩和墨尔本的布莱顿等等。

（一）国外度假区域发展历史

在度假地发展早期时，国外有很多案例供我们参考学习，例如澳洲度假地和欧洲度假地很相似，即在度假基础设施周围发展城镇。近来在澳洲“度假”一词已经从定居点发展成为饭店群，而许多休闲和娱乐设施的度假地主要被分为四种类型：健康娱乐型、气候型、登山和滑雪型、海岸健康娱乐型。这也就成为众多旅游爱好者常去的地区。

在19世纪建造的度假地，无论是在什么地方，什么国家，它们都有相似的城市特征，那就是接待富人的度假地，中心地带常有许多大型的饭店，豪华的住宅，高档商店娱乐设施，并有公园，花园和散步场所。而在这些地方的周围则居住着比较贫困的人，他们在度假区里的酒店、餐厅、商店里工作，为游客提供服务。这种差异在城市结构中很明显，宽广的街道和广场周围是游客大饭店和别墅，其余地方狭窄的街道拥挤着小房屋，住着为旅游提供服务的人们。在20世纪早期，探访旅游胜地的多是贫穷的旅游者，他们常乘火车到度假地旅游，当这类旅游者数量很多时，富人就到其他目的地；就类似于火车把大量的游客运送到布莱顿时，而维多利亚女王却隐居在怀特岛。

（二）度假胜地的发展

如果度假地不能赶上时代潮流，不仅会失去老顾客，同时也会降低吸引力，更多的新客户也较少选择本度假地。因此在众多的度假胜地中结合了现代化元素，如网红打卡等，无论是硬件设施的配备还是文化等软实力的强化，都在各方面去创新发展，为各地的游客前往做足准备。

目前度假胜地的发展方向，多倾向于山水区域，因此也使得商业的发展迁移至此。这种发展倾向在一定程度上被认为是消极影响，这主要取决于发展的规模和度假地规划的程度。因为旅游度假地必然是在吸引游客的地方，城市结构会使游客失去兴趣，而在山区的峡谷地带或沿着海岸或湖边发展成度假胜地，整个环境和结构模式都焕然一新。如果旅游业停滞或下降，专门为旅游设计和建造的度假地很少存在经济运转较好的。亚特兰大城就是这样，因为它过分依赖了旅游业，当越来越多的美国人有闲暇时间和可支配收入进行每年一次去温暖的南方度假，亚特兰大城就处在极度的经济困难之中。即便是现在，我国大多数地区并无旅游胜地区和度假区域的城市，一旦到了旅游旺季时，无可旅游的城市地区仍面临环境、社会和经济压力，经济运转缓慢。

旅游度假胜地的发展兴起就意味着胜地原址的更新换代，甚至是原址的摧毁重建，对周围的人工环境造成不同程度的影响。尽管在一定程度上这并不认为是对人工环境的负面影响，但也是该区域经济发展的阻碍。

在这一部分，讲述了旅游当中对人工环境影响的特定元素，特别是带状发展和城市扩张，农村城市化，建筑污染，饭店密布城市，交通和人员拥塞，历史建筑和遗迹的毁损情况和度假地的发展。尽管度假地的开发和发展不被认为是对人工环境的消极影响，但过分集中于一项产业，依靠一项经济收入，会使城市不能适应未来经济变化。

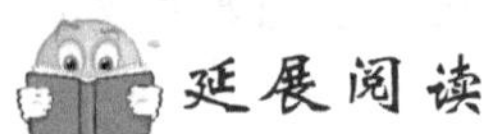
延展阅读

游客太多差点踩坏长城站老建筑“南极游”新规禁止六种行为

世界那么大，却似乎没有游客到不了的地方，如今连南极之地也已成为“旅游热土”。

2016—2017年度，我国赴南极旅游的人数达到5289人，成为第二大客源国，仅次于美国。

2018年2月9日，国家海洋局发布《南极活动环境保护管理规定》(以下简称《规定》)，以期更好地保护南极环境和生态系统，保障和促进我国南极旅游等活动安全和有序发展。《规定》强调：带入非南极本土动植物、采集和带出陨石、猎捕等六种行为将被禁止，违反规定将面临一到三年禁止再次开展南极活动等处罚。与此同时，赴南极开展活动应当编制环境影响评估文件，结束活动也要提交南极活动报告书。

1.中国成南极旅游第二大客源国

据国家海洋局极地考察办公室副巡视员陈丹红介绍，我国游客赴南极旅游虽然开始得比较晚，但增幅非常快，2016—2017年度，我国赴南极旅游的人数排名世界第二，仅次于美国的1.5万人。陈丹红称，2017年长城站接待的游客非常密集，其中长城站的第一栋建筑物，作为南极的历史遗址和纪念物，在里面做了一些展览的布置，原来游客来的时候是开放的，但2017年游客实在太多，都快把那个建筑踩踏坏了，后续关闭了一段时间，将视情况再开放。

实际上，近年来南极活动呈现多样化趋势。现在公民、法人、其他组织等赴南极进行旅游、探险、文化、科普、渔业等活动日益频繁，甚至还包括建筑工程的承包活动。陈丹红指出，"活动增多，游客增多，一方面引起国际对于南极生态环境影响的担忧；另一方面，也对我国正常的科学考察后勤保障和安全管理造成了比较大的影响，游客旅游的夏季也是我们最佳的科考窗口时间。"

为此，《规定》中明确，国家海洋局将根据南极自然和生态环境承载能力，分区域建立南极活动总量控制制度。陈丹红向《每日经济新闻》记者介绍称，国家海洋局已经在开展环境承载容量方面的研究了。另外，在南极条约体系里面也作出过相关南极活动的限制性规定。"我们后续会做容量的评估，可能会在人数、时间、规模上进行一定的限制。"

2.编制环境影响评估文件

《规定》明确，国家海洋局负责对考察、旅游、探险、渔业、交通等所有南极活动的环境保护管理工作；要求对南极环境及生态有特殊影响的部分考察活动进行许可；要求开展南极活动的，应当编制环境影响评估文件，并报国家海洋局；同时将对南极活动组织者和活动者的违规行为规定了相关责任，建立南极考察活动的征信体系等。那么，如何才能取得赴南极旅游的资格，又需要走哪些程序呢？《规定》强调，国家海洋局负责南极活动环境保护的管理工作，履行向国际组织通报等南极条约体系规定义务。

国家海洋局规定，申请开展南极活动的，应当按照南极活动环境影响评估的要求，编制中英文环境影响评估文件报国家海洋局。国家海洋局在受理后提供培训。同时，为保障南极科考正常秩序，如果想要访问我国南极科学考察站，应当提前取得国家海洋局同意。南极活动组织者应当于到达南极科学考察站前24小时至72小时之内提前通知南极科学考察站。如南极科学考察站有突发特殊情况不便接待的，可以与组织者协商调整访问时间或取消访问。此外，南极活动组织者应当在南极活动结束后30日内向国家海洋局提交南极活动报告书。报告书的内容包括南极活动的整体行程、登陆日期和地点、活动者人数、使用交通工具等内容。

3.六种行为被列入"黑名单"

由于南极生态环境的特殊性，国家海洋局为更好加强保护，对南极活动组织者及南极活动者设置了六个方面的禁区。《规定》中强调禁止南极活动组织者及南极活动者开展以下活动：带入、处理放射性废物及其他有毒、有害物质或潜在污染物，带入非南极本土的动物、植物和微生物；采集和带出陨石、岩石、土壤及化石；猎捕或获取南极哺乳动物、鸟类、无脊椎动物及植物的整体或部分样本，以及其他可能对南极动植物造成有害干扰的活动；进入南极特别保护区或其他国家海洋局基于安全和环保考虑禁止进入的区域；建立人工建造物；其他可能损伤南极环境和生态系统的活动。

同时，开展南极活动，应当对废弃物实施分类管理，不得随意丢弃，并记录处理结果。废弃物应当由专门的废弃物管理员管理。离开南极应当尽量将废弃物带出南极；无法带出的应当在焚化炉内焚化，并将焚化后的固体遗留物带出南极。

为此，国家海洋局指出，南极活动组织者或南极活动者违反本规定的，国家海洋局应当视其情节记录其违规事实，将其列入不良记录组织者或活动者名单，在一到三年内限制其再次开展南极活动。国家海洋局建立南极活动信息共享机制及南极活动环境保护管理协调机制，向国务院有关主管部门及时通报有不良记录的南极活动组织者或活动者信息，并依法将违法违规组织者和活动者移送有关部门追究其法律责任。

第二节　旅游对人工环境的积极影响

对自然环境而言，旅游所产生的积极影响大多是间接作用，而不是直接作用；但旅游却使人工环境得到了直接的积极改善。旅游的发展，提出了保存城市古迹和改善城市环境的要求。我们对城市中早期的建筑风格进行保护，改善大城市内部生活和工作状况，保护修缮城市古迹等等，都可以认为是旅游发展所带来的驱动力。这种判断虽然有些过于简单，然而，旅游确实是常常对城市中的这些变化和发展起到了刺激作用。

许多城市拥有纷繁复杂的早期建筑形式，它们反映了这里曾经的生活方式和文化价值，因此对它们的保护在旅游发展过程中就显得极为重要。澳大利亚的约克半岛、美国的威廉姆斯堡、比利时的布鲁兹和英格兰的约克郡都是世界著名的历史文化旅游景点。这些地方在打造旅游城市的过程中，重新修复利用了许多闲置的古建筑，在保有原先建筑风格和文化价值的同时，以城市的升级改造和古建筑的开发利用替代了粗放、简单的城市扩建。

一、重新利用多余建筑

许多建筑在初建时只有一种用途，后来随着经济的发展和城市的扩张修建，这类单一用途建筑因需求的变化而被淘汰。现代经济学通常要求对已过时淘汰的建筑进行摧毁，重新建造与时代相契合、与经济发展相融合、功能更为齐全多样的建筑，使之派上新用场。但社会另一部分群体则希望看到保留原有建筑，这时候，旅游就成为这些建筑保留下来的重要用途。游客易于被古老建筑所吸引，这些与现代差异明显的古老建筑给人异样的感觉，完全不同于现代风格的饭店、餐馆和商店，能够给人强烈的代入感和年代感。

在德国，有许多曾经作为防御用途的古城堡后来被改造成独具特色的古堡酒店。在中国，五千年的悠久历史和博大精深的传统文化使得我们国家的历史建筑年代更为悠久、形式更为多样。中国四大直辖市之一的天津，就有很多百年以上的老建筑被重新修缮利用，改建成了咖啡馆、餐厅、酒吧、酒店等等，吸引着无数游客；天津市政府还将这些历史建筑聚集的区域统一规划打造成了独具特色的历史风情旅游区，成为天津城市旅游的主要吸引物。不仅如此，在国内许多城市，很多近现代被废弃的工业、商业建筑也被重新修缮改造再利用。2022 年北京冬奥会上，由废弃的北京首钢工业园改建而成的雪上大跳台比赛场地和奥林匹克文化公园就成了城市中工业遗产改建推动体育旅游发展的典型案例。

（一）历史建筑的维修利用

中华历史上下五千年，历经多个朝代更迭，历史文化不断创新发展，不同时期的历史建筑各有特色。而在经历了时间长河的洗礼后，这些古建筑，已经成为当时那段历史的标志。在古建筑的保护和旅游的发展中，历史古建筑被作为一大旅游资源维修保护起来，重新注入历史文化元素，挖掘成为新的旅游发展动脉。

历史古建筑的维修，不仅是外观外貌的维修，更重要的是注入历史元素，包括历史人物、历史故事、历史重大事件等，将文化因子注入古建筑维修结构中。我国典型的历史古建筑不胜枚举：故宫、天坛、长城、颐和园以及历代王朝的首府，还有布达拉宫、秦始皇陵、赵州桥、黄鹤楼、蓬莱阁、崇岳寺塔、阿房宫、圆明园、曲阜三孔等等，这些在历史的长河下仍然保持屹立不倒的古风，在现代文明的支撑下，重新绽放光彩，重现往日光辉，这不仅是文明的再现，更是古现代融合发展的最好典范。

（二）近现代建筑的翻新利用

近现代建筑多以民国时期、抗战时期、建国前期为背景的建筑居多，而这类建筑的翻新利用，不仅仅是发展旅游，更进一步是不忘历史、继承红色革命传统，铭记先辈奉献精神的文化建设。在近代历史中，先烈们用鲜血为如今的和平铸造了无形的城墙，同时也成就了现代社会的发展。他们曾经奋斗过的地方以及遗留下来的众多痕迹，被发展成了如今的红色革命遗址。在中国旅游发展的现代化进程中，红色旅游主要也是通过将众多战争、革命遗迹保护、修缮再利用等形式发展起来的。

不仅是拥有红色历史背景的建筑、遗迹通过维修利用发展旅游；在另一方面，记录我国建国之后工业、农业、科技大生产阶段的一些具有浓厚时代特色的工业厂房、劳动车间等也被重新利用。这些建筑虽然已经在经济快速发展的过程中被逐渐淘汰，但在城市发展的过程中，不少此类被淘汰遗弃的建筑经过翻新和开发再利用，在减少土地压力和建设成本的同时，有的还被开发成为怀旧主题的旅游文化街区，游客置身其中仿佛时光倒流一般。

二、历史古建筑的保护

历史古建筑是城市发展进步的印记，也是城市旅游的重要资源。保护历史建筑是保存城市历史发展完整的重要措施，是为旅游的发展奠定资源基础。而古建筑是对一个国家和城市在某个历史期整体社会生产力、民风习俗、工艺发展的真实写照，是有着不可替代的作用，同时也有着挖掘旅游资源的重要价值，因此对历史古建筑的保护就是对旅游资源的保护，对城市发展和经济发展的保护。

（一）国外历史建筑保护案例

在悉尼海湾西部地区有一处老悉尼城区，名为岩石区，这里是悉尼最先进行开发的地区。它的东边是悉尼湾，北边是沃尔什湾，西边是悉尼港湾大桥通道，南边是卡希尔高速公路。这个地区接近商业中心，所以准备建造一栋办公楼。因为独特的历史重要性，许多人反对在这里摧毁历史建筑而建造现代化新建筑，便发起联合行动阻止任何破坏行为。1969 年，州政府成立悉尼港湾重建局，对当地历史建筑进行保护性开发再利用以替代现代化风格新建筑的建造。后来该地区因为独特的历史风貌和文化内涵而开始发展旅游，如今，岩石区是继悉尼歌剧院之后最重要的旅游景点。那里的当代艺术博物馆每年吸引 60 万人次游客。

在英格兰有一个重要旅游城市叫诺维奇，该城市有一座榆树山，山上有一棵榆树。幸运的是，在 20 世纪 30 年代，当时的市长通过民众投票把这个地区保存下来。如今的榆树山已是当地重要的旅游景点，每年可以为城市创造巨大的经济价值。欧洲许多历史城市现在都是依靠旅游来维持整个城市的经济运行，这些旅游城市已经知晓环境美学的重要性，知道美好的环境能为城市旅游带来更多的加分项，因此，独具特色的步行街、便利的交通设施、地下停车场、整洁的城市风貌、历史建筑的保护等等都是这些城市在发展建设过程中一直秉承的重要宗旨。

（二）国内历史建筑保护案例

江西省景德镇市浮梁县的古县衙有着“中国第一县衙”和“江南第一衙”的美称，始建于公元 816 年，是一座具有千年历史的古建筑。而当地政府曾经对古建筑的保护意识不强，始终将当地经济发展放在首位，对古建筑的保护并不到位。为了追求立竿见影的经济收益，以粗犷的方式将古城区发展成商业气息浓郁的商业街以吸引大量游客，不仅对古城区内的许多历史建筑造成了破坏，也使得浮梁县失去了本应具有的历史气息和文化特色。在之后的发展中，当地政府逐渐意识到古城区历史文化保护的重要性，联合当地居民一道，通过科学的现代技术对辖区内的历史建筑和古建筑文物进行保护和修缮，尽最大可能地保留了历史文化价值，同时也使得当地的古老木质建筑避免遭受白蚁或潮湿环境的侵蚀。如今浮梁县衙已是国家 4A 级景区，也为当地经济带来可观的收入。

孔庙是历代儒客学子的朝圣之地，是我国古代文化遗产中极为重要的组成部分。南宁孔庙被称为“南宁府学宫”，最早可追溯历史到北宋皇祐年间，是具有千年历史的古建筑。南宁市政府于 2002 年启动南宁孔庙迁移项目，2011 年 1 月迁建完成并对外开放。文物古建筑的修缮和保护是一项长期且系统的工作，因文物建筑自身具有不可替代性和不可再生的特性，因此在修缮的过程中应尽可能保护材质的完整和维护古建筑的原形，做好防潮、防虫、防腐等各项复杂工作。而南宁孔庙的迁址也宣传了对古建筑的保护意识，使得更多国民对古建筑的保存和民族文化的传承加以重视。

三、促进城市改建

在城市发展的初期，发展经济是城市建设的主要目标，并一度成为城市改扩建的推动力。随着城市经济的快速增长并发展到一定水平之后，旅游的发展逐渐成为城市建设和扩张的新目标。

旅游为当地带来了新的投资、新的建筑，改进了道路和城市基础设施，人们甚至会因旅游发展而带来的积极变化引以为豪。旅游虽不是城市中唯一的经济活动，但它确实对城市建设起到了促进作用。许多城市都采用了相似的城市改建经济方案，这些城市都利用旅游收入进行改建，如果没有旅游产业，这些城市将失去重要的经济支持。许多具有历史价值的遗迹、古建筑都是依赖旅游者的参观收入得以生存的，如果它们不向公众开放，就会失去保护、修缮的经费来源。因此，旅游对这些价值连城的历史建筑的维护和保存也起着重要作用。在各个国家，许多具有历史价值的房子都归属国民托管组织，或者归国家所有，尽管它们因为具有珍贵的历史价值而得到托管组织或国家政府的资金支持，但旅游收入仍在其中起着重要作用。旅游为城市的改扩建，为公共基础设施及建筑物维修、维护提供经济来源，为当地政府的经济节约开支。

城市改扩建在一定程度上是为了城市的长远规划，但其中谋求旅游的发展也占有主导地位，城市的改扩建为旅游的发展提供完备的基础建设，而旅游所带来的经济收入为城市的改扩建提供经济来源，相互促进。

从上面旅游活动对人工环境影响可知，旅游影响既有积极的，也有消极的。我们不能忽视消极影响，因为在某种特定的环境中这种影响很严重。积极影响有直接的也有间接的，但都具有重要意义，比如某些历史建筑物需要依靠旅游收入才能维持下去。历史城市的保护和城市复兴同样依赖旅游活动，尽管旅游不是唯一或第一保存历史的主要原因。

延展阅读

创新探索体育产业与旅游产业融合发展新模式(引自新浪体育微博案例)

2011年北京·丰台科技体育旅游节圆满落幕了，本届活动在三天的时间里为北京科技体育爱好者奉献了一场包含车辆模型、无线电、航空模型、旅游景点展示等项目的精彩盛会。

在10月23日北京车辆模型邀请赛的现场，我们看到冒着风雨观看比赛的现任北京市体育产业商会会长、北京市政协委员、并任负责本次活动总体策划的北京赛博时光国际文化发展有限公司董事长李艳女士。我们请李艳女士就本次活动策划及科技体育与旅游产业的融合发展等一些问题给我们做了详细的解答。

李艳女士说："大家在媒体上可能也看到了丰台区代区长在活动开幕式上的讲话，及新闻发布会上丰台区体育局局长的讲话，正如他们谈到的，此次活动是根据北京市"十二五"时期体育产业发展规划的总体思路："创新探索体育产业与文化、旅游、会展等相关产业融合发展的新模式，推动体育产业结构调整，初步构建符合现代体育发展规律和首都城市功能定位，发展有序、层次清晰、结构优化、特色鲜明的体育产业体系"。配合丰台区即将开工建设的亚洲最大的丰台科技体育馆未来运营，利用北京市体育产业引导资金打造的科技体育旅游系列活动。

你们可能要问体育产业的发展规划与旅游有什么关系，科技体育与旅游又是怎样融合呢？我们知道在经济转型的大背景下，产业深度融合已是大势所趋。对于北京体育产业与旅游产业的融合，2008 年的北京奥运会举办被各界看作是关键节点和重要的加速器，至今“奥运场馆游”仍是京城旅游的一大热点，日均客流量曾一度超过了京城旅游“八大件”的故宫和长城。然而，再好的开局也有落幕之日。据有关部门发布的数据显示，经历了持续多年体育旅游热度之后，2011 年游客进入奥林匹克公园的游览人数相比去年已有所减少，这表明公众对于奥运场馆的旅游热情正渐渐回落。

事实上，2008 年奥运会带动的体育与旅游融合，更多的是两者的简单叠加，称之为结合则更为合适，而当阶段性辉煌之后，1＋1＞2 的叠加效应开始褪色，寻求两者的深度融合已经成为必然。要实现两个产业的深度融合，一定要找到中间一个嫁接的桥梁。由于鲜有成功的案例可供借鉴，诸多区域都在探索性地寻找着两者的融合路径，我们经过大量的调研确定尝试科技体育与旅游的结合，可以说用“科技”嫁接体育与旅游产业的融合。相信对于本次活动，更多的人应该从体育与旅游的融合中，读出科技的意味。

科技体育之所以适合与旅游产业复合发展，是由于科技体育的特点所决定的：事实上，人们对于科技体育运动并不陌生，包括车辆模型、航空航天模型、航海模型、建筑模型、无线电测向、业余电台等项目在内的，这些近年来频频在视野开阔的场地、湖泊出现的阳光户外运动，正颇受大众的青睐。

据了解，目前北京科技体育的爱好者总数已达十几万人，这一体育旅游项目在北京有着巨大的发展空间。爱好者年龄跨度大，不受年龄限制，青少年是科技体育最大的群体，而作为一个家庭中最受关注的成员，青少年科技体育的发展则有助于带动整个家庭参与科技体育的热情。也就是说，培养一名青少年对科技体育运动的兴趣，至少会吸引 2～3 倍的受众人群。再者，科技体育项目对提升传统旅游景区的品质亦大有裨益，不仅能在短时期内增加旅游景区的内容和吸引力，进而带动客流量的增长，还能使旅游景区拥有长期、稳定的旅游人群。

此外，由于科技体育产品科技含量高，产品外观、体积、形状可设计性强，并兼具收藏性价值，深受青少年的喜爱。旅游景区结合这一需求，有针对性地系统开发以科技体育产品为原型的旅游商品，将有助于旅游经济的寻找到新的经济增长点。

她还说：“正是看到了这些，丰台区经过综合考虑区域整体情况，确定了以科技体育为重点，以即将建设的“丰台科技体育馆”为中心，以“科技体育旅游节”为推广平台，以丰台区数量众多的郊野、城市公园等景区为面，计划多渠道、多层面培育发展科技体育运动，试图以此丰富丰台区的旅游内容，实现旅游经济的持续发展。

丰台区的设想是，通过努力将丰台打造成为科技体育产业聚集区，由此带动青少年科技体育及家庭体育的发展，进而促进丰台区旅游产业的发展，最终使体育与旅游产业通过科技的嫁接实现真正意义上的产业融合。

此次北京・丰台科技体育旅游节，理所当然地成为丰台区蓝图到现实的重要平台，由于是在中国首次提出“科技体育旅游”的概念，作为新阶段体育产业与旅游产业交叉、渗透融合的一次新尝试，科技体育旅游节吸引了数十家适宜开展科技体育运动项目的公园、景区到场展示和讲解，为科技体育运动和旅游产业搭建起了相互了解的平台，并为接下来的深入合作奠定基础。

此外，通过科技体育旅游节向公众普及科技体育旅游的概念，吸引更多百姓热爱这项运动并参与其中，亦是活动的应有之义。因此，除了相关的展示、交流活动外，围绕科技体育运动项目，活动还设置了“北京车辆模型邀请赛”，“北京纸飞机创意大赛”“北京业余无线电应急通讯演练竞赛”等活动，让到场观众深入了解并亲自参与到科技体育运动项目中，充分感受科技体育的无穷魅力。科技体育因为与旅游的融合，即将在丰台焕发出新的活力，人们有理由对此充满期待。

李艳女士最后说：“我们会更加努力深入地研究和探索体育与旅游产业可融合发展的模式，不仅仅是科技体育，希望能够为更多的娱乐性强、有益的体育活动找到与其他产业融合发展的桥梁，真正实现北京市体育“十二五”规划中，“体育产业与其他产业复合经营，融合发展的目标。”

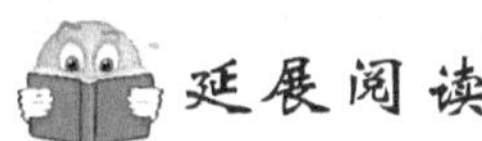
延展阅读

从修缮建筑到保护区域整体风貌

2021 年，位于上海淮海中路常熟路一带的两幢上海市优秀历史建筑——淮海大楼和瑞华公寓，相继完成了大楼内外的整体性修缮，不仅建筑外立面“修旧如故”保留了历史风貌，而且建筑内居民的厨卫设施、沿街商户的店招都进行了更新。

负责两幢建筑保护性修缮的是同一支班底，上海徐房建筑实业有限公司衡复风貌区保护建筑修缮班组。这支还曾经负责过武康大楼、黑石公寓修缮的团队，因其精益求精的修缮技艺与平均年龄仅 35 岁的年轻朝气，被称为“工匠传承历保青年团队”。近年来，修缮班组积极跳出“修文物”的传统认知，关注历史风貌区内更广泛的民生改善，为上海未来的城市更新“守好老家底、打下新基础”。

1. 修缮城市“老宝贝”

“我参与修缮的难度最大、最复杂的项目，武康大楼肯定算一个。”顾志峰，现任徐房建筑实业有限公司副总经理，也是衡复风貌区保护建筑修缮班组的组长。自 2001 年进入修缮行业后，20 年来他参与过武康大楼、黑石公寓、安义路毛泽东故居、上海京剧传习馆以及衡复风貌馆等历史建筑的修缮工程，还荣获“徐汇工匠”提名奖，荣登上海市新建首席技师名单。2018 年 4 月，徐汇区启动武康大楼外立面的保护性修缮，主持修缮工程的正是顾志峰。彼时，上海对历史建筑“修旧如故”的高标准、严要求已经有充分认识，“尊重历史”便成为顾志峰为自己和修缮团队树立的一根准绳。

然而，在实际操作中，面对这栋邬达克在上海留存的最为知名的建筑，修缮班组很快发现，仅大楼外立面的清水墙，就面临着风化程度不一、重点材料泰山砖已停止规模化生产等困难。几番试验摸索后，顾志峰与团队最终创造性地结合砖粉修缮与“由上至下”的墙面修补法，对武康大楼外墙不同的风化程度进行了还原和平色修复。这样既保留了不同历史时期清水墙因风雨冲刷留下的独特竖向纹理，也使修缮后的墙面令人耳目一新。

当下，上海市中心保护规模最大的衡复历史文化风貌区总面积已达到7.66平方公里，其中徐汇的4.3平方公里区域内就有950幢优秀历史建筑、1774幢保留历史建筑和2259幢一般历史建筑。而这些城市“老宝贝”的修缮，几乎都由徐房公司承担。对顾志峰和修缮班组的成员们来说，看到修缮后的“武康大楼们”吸引了更多人前来一睹“芳容”，成为上海重要的城市地标，让他们与有荣焉。

2.把先进理念传递给更多人

2019年，徐房公司承接的武康路100弄1—4号文物建筑修缮获评全国优秀古迹遗址保护项目，修缮班组参与的上海沪剧院、徐家汇天主堂、淮海大楼等保护修缮工程也接连获评上海市建筑遗产保护利用示范项目。而就是这支好评无数的修缮团队，大部分的项目经理骨干都是“80后”“85后”。

1989年出生的岳嘉勇，现任徐房建筑施工管理部房修板块部门副经理，参与负责了今年淮海大楼和瑞华公寓的修缮。他的另一身份，是顾志峰在徐房公司“高师带徒”结对中的“徒弟”。“修缮淮海大楼前，我们找遍了20世纪30年代的老照片、图纸和文字史料，最后发现原来大楼沿淮海中路一侧比90年前刚建成时，向外扩充了整整50厘米，这才使得今天的马路上街沿有些逼仄。”于是，如今修缮后的淮海大楼恢复了初始的道路退界，行人经过时能明显感受到不同以往的畅通。

不只是懂得“修房”，年轻一代的修缮人才还主动将最先进的修缮理念身体力行地传递给了更多人。瑞华公寓底层有一家开业时间颇久的“网红”餐厅“米仓”。在修缮公寓外立面时，底楼商户店招根据设计方案，须统一改为黑色。起初，“米仓”希望继续保留原有的米色店招。但经过岳嘉勇和修缮团队的说明，得知店招配色会与公寓每家每户的黑色窗框保持一致，也与大楼装饰艺术派的风格进行搭配，店主便欣然同意改换店招，原有的米色标识则在沿街落地窗上保留。

3.跳出“修文物”范畴

“这两年修缮淮海、瑞华两处历史保护建筑，我们都在思考与之前修缮武康大楼有什么不同。”答案则在每一天“泡”在施工现场的积累中不断明确。“现在上海对历史建筑的修缮，不仅是为了保护单体建筑，更是对周边整体风貌、对一个区域的保护，这又是一种进步。”参与负责瑞华公寓修缮的钱秋明说。

眼下，当人们走在淮海中路、常熟路和延庆路一带时，看到的不仅有修缮一“新”的历史建筑，还有视觉效果更和谐的店招、沿街绿化、景观灯带——但这还不够。“修缮工作也是一项惠民工程，要真正解决老百姓的居住问题、提升老百姓的居住水平，这也是我们的责任和使命。”顾志峰说。

于是，武康大楼的外立面修缮，安装空调外机机架时，修缮班组会提前与每一户居民约好时间，一天内迅速完成安装调试；瑞华公寓内的公用厨卫全都换上了崭新的水管、橱柜，贴上了干净清爽的白色方砖；淮海大楼修缮搭建脚手架时，施工方特意为一楼的便利店预留了通道和指示牌，尽可能减少对商户经营的影响……风貌区打造“慢行街区”“美丽街区”的动人细节，就体现在这些相互的理解与支持中，最终受益的是这座城市以及生活、工作和游历在其中的人们。

思考题

1. 旅游发展与人工环境之间存在着怎样的相互关系?

2. 简述"第二居所"的理念,并分析其与传统的"第一居所"有何差异。

3. 举例说明乡村旅游发展为一些古镇、村寨等原始村落带来的城市化变化。

4. 你在旅游过程中遇到过哪些"建筑雷同化"或"建筑不协调"现象?请举例说明,并谈谈你的感受。

5. 你的家乡或者你曾经游览过的城市有哪些历史文化底蕴浓厚的历史建筑旅游区?制作一个15分钟的城市旅游宣传PPT,分享给大家,带着大家"云旅游"。

第四章

旅游对经济收益的影响

第一节 旅游经济收益及影响因素

一、旅游经济收益的相关概念

我们说的经济收益是指人们在从事经济活动过程中，生产要素（物质资料、劳动、资金、技术、经营管理才能）的占用、投入、消耗与有效成果产出（产品、服务）之间的比较。简而言之，即人们在从事经济活动过程中投入与产出的比较。我们用简单的公式来表示，即

经济收益＝预期未来现金流入现值－净投资的现值

旅游经济收益，指人们在从事旅游经济活动过程中，生产要素的占用、投入、耗费与有效成果产出的比较。用价值形式表示，即对生产旅游产品的费用和经营旅游产品所获得的收入的比较。旅游经济收益可分为旅游宏观经济收益与微观经济收益。

旅游宏观经济收益是指在旅游经济活动中社会投入的各种生产要素的占用（即耗费）与产出的社会经济成果的比较。它包括旅游业直接经济收益和旅游业发展所带动的相关发展的经济收益。旅游宏观经济收益是社会收益的一部分。

旅游宏观经济收益体现在两个方面。一方面，旅游宏观经济收益体现为整个旅游业的综合经济收益，无数的旅游微观经济收益汇总成宏观经济收益；另一方面，旅游宏观经济收益体现为包括旅游业在内的整个社会的经济收益，即在旅游活动中社会投入的物化劳动、活劳动和资源的占用、消耗与旅游业及全社会收益的比较。除了旅游企业整体的直接经济收益以外，旅游宏观经济收益还包括发展旅游业带动其他相关行业发展的间接经济收益。

旅游微观经济收益是指旅游企业和部门在向旅游者提供旅游产品和服务过程中，对物化劳动和活劳动占有与消耗费，同企业所获得经营成果的比较。

二、旅游宏观经济收益与旅游微观经济收益的关系

旅游宏观经济收益研究旅游活动的开展对全社会的经济、文化及其他方面带来的外部效应；旅游微观经济收益研究各个旅游企业在其经营活动中所费与所得的关系。二者在根本上是一致的，但有时也有矛盾。当有矛盾时，微观的局部利益应当服从宏观的全局利益，但并不是不重视旅游微观经济收益，而是要把宏观与微观经济收益有机地结合起来，是要从旅游宏观经济收益着眼，从旅游微观经济收益着手。

旅游宏观经济收益是旅游微观经济收益的前提条件，旅游微观经济收益是提高旅游宏观经济收益的基础。旅游经济活动的主体是旅游企业的经营活动，没有旅游企业的经营活动就不可能有旅游经济的总体活动。因此，旅游宏观经济收益是由旅游企业经济收益组合而成的，离开旅游企业的经济效益，旅游宏观经济收益便失去了存在的基础。要提高旅游宏观经济收益，首先要提高旅游企业的经济效益，只有在构成旅游经济总体的各个主体的经济收益不断提高时，旅游宏观经济收益才会不断增长。重点应放在如何提高旅游企业的微观经济收益上。但是，当二者有矛盾冲突的时候，要遵循旅游微观经济收益服从旅游宏观经济收益的原则。

三、旅游经济收益的影响因素

旅游经济收益可以分为旅游宏观经济收益和旅游微观经济收益。我们通常所讨论的旅游经济收益大多是微观层面的旅游企业、旅游经济体的实际收益，因而，我们在本节关于影响旅游经济收益因素的讨论还是从微观层面进行。

（一）不可控的外部因素

旅游企业不可控的因素主要有以下三种：

首先，旅游需求规模和时间的平衡状态是影响旅游经济收益的一个重要的因素。旅游经济活动的一个重要性质，是旅游生产与旅游消费的同一性，因此，旅游企业经营能否正常进行，不仅受旅游需求规模的影响，同时也受这种需求规模的时间分布的影响。当旅游企业供给一定时，旅游需求规模扩大，促使旅游企业设施利用率提高以及旅游业务量扩大，这必然会使旅游企业经济收益大幅度地提高。在旅游需求扩大时，旅游需求的时间分布比较平均，这就为旅游企业的设施利用率在不同的时间里保持较高水平创造了条件，这样，也就会产生较高的经济收益。相反，如果旅游需求不足或者旅游需求时间分布不合理，就会造成旅游设施在各个不同的时间里有较大幅度的波动，这必然会影响旅游企业经济收益的提高。

其次，旅游经济管理体制也是影响旅游经济收益的一个因素。旅游企业的经营活动，总是在一定的管理体制作用下运行的。要使旅游企业经营活动正常、高效运行，就必须建立起一个充分适应旅游企业经营活动正常运行以及使其充满活力的旅游经济管理体制。科学的旅游管理体制不仅保证了旅游企业经营活动的正常进行，同时，也为旅游企业取得最佳经济效益提供了强有力的体制条件。

最后，外部经济也是影响旅游经济收益的一个因素。外部经济是旅游企业外部的自然因素、经济因素和社会因素的变动给旅游企业带来的经济收益。相对于外部经济，外部负经济是旅游企业外部的自然因素、经济因素和社会因素的变动给旅游企业带来的经济负收益。在旅游经济活动中，某项外部因素的变动给旅游企业带来的外部经济或外部负经济的影响是不同的，一项外部因素的变动可能会给某些企业带来程度较高的外部经济或外部负经济，然而对另外一些旅游企业可能只带来较少的、甚至是不带来外部经济或外部负经济。因此，旅游企业在研究外部环境给企业带来的外部经济和外部负经济时，只有掌握外部因素变动对旅游企业的影响程度，才能科学地选择企业的经营对策。

(二)可控的内部因素

对旅游经济收益产生影响作用的内部因素，主要有旅游销售量、旅游价格、旅游产品成本结构和旅游企业规模四个因素，这四个因素之间存在着内在的联系，它们不同的变化以及组合直接影响着旅游经济收益的变动。

旅游销售量与旅游价格是影响旅游经济收益的一个复合性因素。从一般意义上说，旅游销售量与旅游价格之积，形成旅游销售收入，在旅游产品成本为一定时，旅游销售收入愈高，旅游经济收益就愈好。旅游销售量与旅游价格之间存在着相互依存、相互制约的数量关系，在其他经济条件不变时，旅游价格与旅游销售量之间存在着反比关系，旅游价格愈低，旅游销售量就愈大；反之亦然。但不同的旅游产品其需求弹性是不同的，不同的旅游需求弹性，在旅游价格变动时，会引起旅游销售量产生不同幅度的变动，出现旅游销售收入不同程度的变动，从而对旅游经济收益产生不同的影响。旅游企业的规模及其成本结构也会对旅游经济收益产生影响。

成本结构是固定成本与变动成本之间的比例关系，不同的旅游企业具有不同的成本结构，通常，经营规模大的旅游企业往往是高固定成本结构，经营规模小的旅游企业往往是高变动成本结构。成本结构不同，销售量的变动对利润变化的影响程度是不相同的。高固定成本的旅游企业要达到保本点所需的销售量较高，高变动成本的旅游企业要达到保本点所需的销售量较低，然而销售量一旦达到保本点后，高固定成本的旅游企业利润增长速度会远远高于高变动成本的旅游企业。

延展阅读

旅游业收益达1060亿元人民币！韩国如何打造文化旅游?

根据韩国“观光知识信息体系”的统计数据，最近10年间访问韩国的外国游客年均增长率为10%，2018年访问韩国的外国游客达1500万人次。虽然到访韩国的外国游客数量受到国家政治、社会环境等因素的影响，但韩国政府和企业也注重发挥文化赋能旅游业的力量，将文化与旅游资源相结合，通过多种方式有效利用资源，成功塑造和传播了独特的国家旅游形象。

在很多国家兴起的“韩流”热潮，分别以“流行音乐”“电视剧”“综艺”“美丽产业”等多种形式发展。迅速崛起的体验型消费，则促进了“韩流”旅游的兴起，对“韩流”文化感兴趣的各国民众纷纷实地游览韩国。2017年，“韩流”旅游业的经济收益达到17.8万亿韩元(约1060亿元人民币)。

随着社会经济的进步尤其是互联网的发展，通过电视、网络、手机、剧场等多种媒介接触韩国文化内容变得更加容易。韩国利用媒体工具，将一般的旅游资源加工成韩国独有的“潮流”，积极开拓旅游强国之路。最近几年，韩国广播电视界制作了不少在世界上引起关注的电视节目，在提升国家形象、增加旅游吸引力方面起到了很大作用。譬如，很多外国人是因为观看了韩国制作的自然、文化、饮食等题材的节目，对韩国产生了好感。另外，让海外游客住进明星家的综艺节目、反映长期在韩国的外国人努力学习深造和为事业打拼的电视节目等，也是将提升韩国国家形象与发展旅游业结合得比较好的例子。

受“韩流”文化影响到访韩国的外国游客,有的会在当地寻访“韩流”内容,有的则到相关拍摄场所观光或购买相关商品。“韩流”旅游与生态观光和自然观光不同,具有文化观光的特征。生态观光或自然观光一般指通过单纯地欣赏自然风景获得审美满足,而文化观光可以通过享受和体验该国文化获得新的体验。从这一意义上来说,文化观光具有创造性。此外,“韩流”旅游与“流行”有着密切关系,游客可以享受处于变化中的文化,有利于吸引他们反复到访。

旅游业的特性要求多行业和多部门的配合,这就需要政府从宏观上整合各个部门,以综合视角来调节社会资源,起到引领和把控作用。韩国以文化要素带动旅游业的发展,政府在其中发挥了重要作用。韩国文化体育观光部作为促进文化、艺术、体育、旅游发展的重要政府部门,通过推动各领域下级组织间的有机协作,开发文化与旅游、体育与旅游相结合的多种项目,吸引国外游客。此外,韩国文化体育观光部还推动开发具有创意的文化旅游产品,满足不同市场的需求和期待。

第二节 旅游对经济的积极影响与消极影响

旅游被认为是全球重要产业,人们越来越认识到,作为产业,旅游能产生巨大的经济收益。旅游是一个充满活力的产业,它会为周边环境和地区提供经济发展机会。

例如在澳大利亚,有些地区的旅游业代替了农业,遏制了许多农村地区经济衰退的情况。西昆士兰州重点发展农业旅游,并以此拓展了其他旅游项目的开发。玛帝尔达高速公路建成后,把许多西部城镇连接起来,塑造了良好的旅游形象,为汽车旅馆和其他旅游产业的投资引入提供了基础。

一、旅游对经济的积极影响

(一)就业机会的生成

旅游业是典型的劳动密集型行业,通过发展旅游业来促进就业是非常有效的方法和途径,也是发展旅游业的工作重点。旅游业作为国民经济新的增长点,不仅在拉动内需、推进产业结构调整、促进贫困地区发展、提高人民生活质量方面做出了突出贡献,在扩大社会就业、缓解就业压力方面也起到了突出作用。发展旅游业是促进就业的首选途径,旅游业的就业容量大、关联带动性强、工作方式灵活多样,使得发展旅游业成了政府促进就业的最好选择。

1.旅游业的就业容量大,可挖掘潜力大

旅游业是劳动密集型产业,旅游特征产业在全国就业总数中的比例,曾经一度超过了制造业等传统密集型产业,甚至在高峰期也超过了房地产、金融等新兴服务业。旅游业的市场非常巨大,早在2007年,中国旅游业经济创收超过33600亿元,占我国GDP的12.2%,市场从业人员的需求量巨大是毫无疑问的。同时,旅游业的就业人员增长速度在当时也是极其迅猛,据统计，在 20 世纪最后 10 年，我国第三产业新增就业的 7740 万人中，旅游直接和间接就业人数占到 38%，增速居于前列。除此外，国家发改委、国家旅游局、劳动和社会保障部等部委当年定下在“十一五”期间每年大约新增 70 万个旅游就业岗位的目标，可见旅游业不仅就业容量巨大，就业潜力也很大。

2. 旅游业具有极强的关联带动性

世界旅游组织资料显示，在旅游行业中每直接收入一元钱，相关联行业的收入就能增加 4.3 元；旅游业每增加 1 个直接就业机会，社会相关行业就能增加 5 至 7 个间接就业岗位。旅游业涉及的领域是非常宽泛，不仅涵盖吃、住、行，也包含游、购、娱。国家旅游局计财司曾统计过，旅游业直接、间接关联的部门可以达 100 多个。据不完全统计，成都市 2007 年 1 至 9 月旅游新增就业人数达 1.4 万人，间接带动相关就业达 7 万人，很好地说明了旅游业极强的关联带动性和解决就业的潜力。

3. 就业方式灵活、包容性强

旅游产业涉及的领域广泛，这也间接表明人才的需求也多样化，根据行业门类和岗位层次的不同，不同层次的劳动力都可以找到自己的合适岗位。这个产业既需要一些高学历、高知识的管理、规划型人才，也需要提供专业技能或者简单技能的劳动型人才。其中，能够提供简单劳动力的人员需求量往往比较大，这样还可以提高再就业人员、农村人口和弱势群体的就业率，因此旅游业存在一部分门槛低的简单技能的岗位。另外，由于一些旅游目的地运营的季节性强，相关岗位会有一些阶段性和流动性，使得一些岗位的弹性很大，能够以更灵活的就业形式吸纳更多的人才和劳动者。

（二）促进税收的形成

旅游业除了在创造就业、拉动经济等方面有卓越份额贡献以外，也是国民经济的增长点。旅游业税收是指一国政府对旅游者和旅游商品及旅游业规定的税收制度。

旅游业税收能给一国政府带来十分可观的税收收入，一些旅游业很发达的国家和地区，旅游业税收构成了政府税收的很大一部分，例如毛里求斯的旅游业每年为政府贡献税收收入 12%～15%。

在我国，疫情之前，经文化和旅游部批准，中国旅游研究院（文化和旅游部数据中心）授权发布《2019 年旅游市场基本情况》。数据显示，2019 年，国内旅游人数 60.06 亿人次，比上年同期增长 8.4%；出入境旅游总人数 3.0 亿人次，同比增长 3.1%；全年实现旅游总收入 6.63 万亿元，同比增长 11%。旅游业对 GDP 的综合贡献为 10.94 万亿元，占 GDP 总量的 11.05%。

疫情之后，中国经济网报道，文化和旅游部官网 2021 年 11 月 3 日公布 2021 年前三季度国内旅游数据情况。据统计，前三季度国内旅游总人次 26.89 亿，比上年同期增长 39.1%。国内旅游收入（旅游总消费）2.37 万亿元，比上年同期增长 63.5%。

根据国内旅游抽样调查结果，2021 年前三季度，国内旅游总人次 26.89 亿，比上年同期增长 39.1%（恢复到 2019 年同期的 58.5%）。其中，城镇居民 19.34 亿人次，增长 38.2%；农村居民 7.55 亿人次，增长 41.4%。分季度看，一季度国内旅游人次 10.24 亿，同比增长 247.1%；二季度国内旅游总人次 8.47 亿,同比增长 33.0%;三季度国内旅游总人次 8.18 亿,同比下降 18.3%。

国内旅游收入(旅游总消费)2.37 万亿元,比上年同期增长 63.5%(恢复到 2019 年同期的 54.4%)。其中,城镇居民旅游消费 1.91 万亿元,增长 62.6%;农村居民旅游消费 0.45 万亿元,增长 67.0%。

人均每次旅游消费 879.68 元,比上年同期增长 17.5%。其中,城镇居民人均每次旅游消费 990.17 元,增长 17.7%;农村居民人均每次旅游消费 596.66 元,增长 18.1%。

从长远看来,旅游业一直对我国税收有积极作用。

(三)促进国际贸易增长

旅游促进贸易,贸易推动旅游。旅游业发展至今,在全世界范围内已经发展成为最大的产业之一,根据公开数据显示,每年国际旅游业大的交易额已经超过了 5000 亿美元(折合人民币 34867.5 亿元)。旅游业已经取代了石油工业、汽车工业,成为世界上最大的创汇产业。旅游业带动了第一产业、第二产业、第三产业的发展。旅游业不仅仅是带来单纯的经济效益,也通过旅游的途径,旅游目的地和客源地搭建起来一个多方位交流的平台,树立了旅游目的地的一个国际交流形象,加强了国际贸易的机会。

在 20 世纪 80 年代以前,国际旅游业传统市场几乎是被欧美垄断的,这些地区每年接待了绝大部分世界上的国际游客,所得的收入占世界总数的 90%左右。随着时间的慢慢推移,世界上又不断有新兴的国际旅游市场兴起,国际旅游市场的份额也被这些新兴的国家和地区分割,而中国就是其中一员。我国的国际旅游市场逐渐壮大,使得我国的国际旅游服务贸易也得到了飞速的发展,为我国的国民经济做出了很重要的贡献。我国接待外国入境游客人数从 1978 年的 180 万人次增长到 2008 年的 1.3 亿人次,使得我国的旅游服务国际贸易总收入也从 1978 年的 2.63 亿美元(折合人民币约 18.18 亿元)增长到了 2008 年的 1.14 万亿美元(折合人民币约 7.9 万亿元)。

二、旅游对经济的消极影响

旅游是一把双锋剑,其积极影响也可能变成消极影响。旅游可能随时入侵一个地区,这种入侵的程度决定了旅游为这个地区带来的收益和损失的程度。一般来说,学者们关注的主要是旅游对本地经济的影响。在市场经济条件下,商品和服务的价格是由供需关系影响的,因此,如果旅游在某地区发展,该地区的商品和服务,例如食物,水和劳力的需求会增加,如果旅客愿意出高价,那么,由于需求大于供应,当地就会出现通货膨胀的危险。如果通货膨胀出现,本地居民则最先受到影响,他们不得不为自己的日常生活支付高价钱。下面的例子可以说明这种情况,道格拉斯港位于澳大利亚凯恩斯北部约 70 公里处,是集海洋、热带雨林和沙漠于一处的地方,被称为“不落俗套的旅游胜地”。当初在旅游业刚刚进入此地的时候,道格拉斯港口的地皮价格因旅游开发的需求而飙升,几乎一夜之间,道格拉斯从一个沉睡的渔村变成了高档的旅游胜地,吸引了许多名人和富人到此度假,其中就包括美国前总统克林顿。地皮价格的急剧上升，课税也随之上升，使得道格拉斯港的原先居民无力承担高额的地价和赋税，他们不得不卖掉房子，搬迁到几公里以外的郊区重新建家。

旅游对经济造成的消极影响涉及很多方面。那么是什么原因导致旅游会对经济产生负面的效果呢？概括地讲，有如下几点：

（一）季节性影响因素

季节变化是最影响旅游业的因素之一，旅游的季节性反映了旅客流量在时间上分布的非均衡性，是一种非均衡波动。季节性也是旅游业显著特征之一，在一些旅游季节性明显的地区，季节性产生的非均衡波动给当地的旅游业发展、目的地经济发展、生态环境保护以及社会稳定带来了诸多的困扰，这些旅游季节性的负面影响也是旅游业中最容易理解却难以解决的问题。

1.旅游季节性概述

(1)背景。旅游季节性概念首先由拜伦在 1975 年提出，他认为季节性是每年都发生的活动，或多或少具有相同的时间和程度。随后巴特勒在此研究的基础上，指出旅游季节性指旅游活动中出现的暂时性不平衡，通过旅游目的地游客数量、旅游费用、交通流量、就业情况等几个关键性因素体现出来。

(2)分类。根据学者研究，旅游季节类型在形态上可分为三种：单峰型季节性、双峰型或多峰型季节性和无峰型季节性。单峰型季节性指一年内有且只有一个客流高峰期；双(多)峰型季节性指一年中会出现两个或两个以上的客流高峰期；无峰型季节性指一年中各个月份的旅游客流量分布较均匀，这种情况一般发生在经济较发达的综合旅游城市。由于不同旅游目的地的峰形不同，使旅游季节性存在空间差异，在一些单峰型目的地，往往只有旺季时旅游业才会正常运行，导致空间上的两极化；但在一些大都市，如上海、巴黎，多呈现无峰型季节性，因为大都市多样化的活动，和一年四季皆可游览的景点能随时吸引各种不同类型的游客，确保当地的旅游业可以保持全年的持续运行。

(3)影响因素。自然因素和体制因素是旅游季节性产生的两个最主要原因。

①自然因素，即温度、日照、降水、湿度、风速等在内的气候因素，是旅游季节性形成的最主要因素。

②体制因素，也可以叫作社会因素，一般指包括社会、宗教、文化等因素的综合，比如，节日、小长假、特殊的节庆活动等。这也是产生旅游季节性的重要因素。

③其他因素，除此之外，体育活动、大型体育赛事、社交的需要、游客的旅行习惯等也对旅游季节性的形成有一定的影响。旅游季节性是旅游者需求和市场需求中出现的短暂的不平衡，具有周期性和重复性，并通过旅游者数量、旅游花费、停留天数表现出来，季节性波动通过这些相关指标发生周期性变化规律，这种波动由需求的暂时性增减导致。旅游季节性可以从资源客体属性、旅游活动主体行动，旅游业经营接待特点 3 方面进行分析，旅游季节性是基于自然规律的变化，附加经济、社会和人文等因素形成的一种现象，是由于资源自然更替、出游行为变化及产业波动引起的综合效应。

2.旅游季节性的负面影响

关于旅游季节性的影响，学者们通常认为具有两面性，即正面影响和负面影响。上文已经指出旅游季节性的特征导致旅游淡旺季出现，在旅游旺季，即一年中的某一段时间，旅游目的地会涌入大规模的客流，这段时间一般比较短暂，集中在几周或是几个月。与旺季相对的是旅游淡季。此外，还有介于两者之间的旅游平季。旺季时旅游目的地容量超载和淡季时的容量不足会给旅游业的发展带来很多问题，这些是很容易被人们看到的旅游季节性的负面影响。因此，在关于季节性研究的过程中，负面影响相对于正面影响，受到了更多学者的关注，他们从经济、生态环境、社会文化等不同的角度对旅游季节性的负面影响做出了总结。

(1)经济方面。旅游季节性造成社会成本增加的同时，也增加了个人成本。旅游季节性对经济方面的影响，由于目的地的旅游旺季通常不会持续特别长的一段时间，导致旅游目的地资源与相关设备的开放时间和旅游经营时间同样不会持续长久，旅游企业会在淡季长时间地关闭大量的旅游基础设施，导致服务缺乏。旅游企业必须在这短暂的时间内把全年的营业成本赚回来，还要有所盈利，导致旅游设施设备营运压力大；基础设备营运时间的集中性导致其利用率低，闲置时间长，利用价值不高，在一些旅游目的地，特别是单峰型旅游目的地，一些旅游资源在淡季几乎得不到利用。这些问题往往会引起旅游企业的投资率低，很难吸引企业投资，短期开放时间很难维持供应链，使很多企业或投资商不愿意与季节性特别明显的旅游企业合作而进行投资，他们往往会更倾向于选择旅游目的地季节性为无峰型或者多峰型的旅游企业，特别是无峰型目的地，但这类的都市型旅游区毕竟只是少数。

同时，旅游季节性也会给旅游目的地的人员就业带来负面影响，旅游企业很难把握相关行业的服务人员，旺季到来时人手紧缺，旅游企业会雇佣大量的员工，一旦到了淡季，企业往往无法支付数额较大的员工工资，导致很多员工失业。这样不稳定的就业环境还会影响员工的工作情绪，影响服务质量。在季节性特别明显的旅游目的地，一些旅游企业会选择在旺季雇佣一批临时工，或者外包一部分企业事务，使旅游服务质量下降。

(2)生态环境方面。季节性的危害主要集中在旅游目的地的自然环境上。旺季数倍增加的游客，会增加自然环境的压力、破坏野生动物的栖息地，干扰野生动植物的正常繁衍以及生存，而道路交通系统的拥挤，过多机动车的尾气污染也会影响当地的空气质量。在旅游季节性表现十分显著的目的地，由于旅游企业和游客对当地的环境资源不加节制地过度占用，让当地原本脆弱的自然环境被破坏得更加严重，目的地能源被过度使用，出现超负荷的情况，造成的负面影响往往很难在短期内恢复。另外，在客流量集中的旺季，过多的游客涌入也会产生更多的垃圾，加重当地政府处理垃圾的负担，造成严重的垃圾问题。这些无法被及时处理掉的垃圾将会破坏旅游目的地的生态运行，打破其常规的运行规律，从而形成生态环境问题。如果当地相关旅游部门和政府无法处理好这些垃圾，会对当地的生态环境造成不可逆的影响。

(3)社会文化方面。旅游旺季时，大量的旅客聚集在景区会潜藏一定的安全隐患。游客的增长会引来不同类型的犯罪事件在旅游目的地不间断发生，导致当地犯罪率急剧上升，不但影响目的地居民的平静生活，也会影响游客的旅游体验。游客的增加带来各种交通问题，交通事故频发，交通设施容易受损，再加上目的地景点商贩数量增加，人流拥挤，给当地居民的出行带来极度不便。同时，在旅游旺季，由于许多商品和生活必需品会出现供不应求的状况，导致物价虚高，给当地居民带来生活成本增加、生活质量降低等负面影响。同时，大规模的客流常常会严重超出旅游目的地的承载力，服务设施和服务部门人多拥挤，服务水平直线下降、游客感知效果降低、旅游地形象损害、旅游地社区居民受到不同程度的干扰，当地居民在一些服务部门必须排队等候，社区服务花费也会随之提高。另外，许多季节性强的目的地旅游部门监管能力差，造成旅游企业为了谋求短时间内的暴利，不顾后果，过度商业化，使很多历史、人文旅游资源遭到严重的破坏，甚至不可修复。

（二）竞争成本影响因素

竞争成本管理是企业获取竞争优势的基础保证，是一种以竞争理论为基础，以市场竞争为动力，以获取竞争优势、创造顾客价值为目的的一种系统的成本控制和管理的方法，是对传统成本管理的一种发展。

在旅游行业中的竞争成本也是旅游企业的一项重大成本。旅游企业从为顾客提供旅游产品到为顾客创造价值是竞争成本管理区别于传统成本管理的一个重要特征。所谓为顾客创造价值，一是由花费在企业商誉等无形资产中的成本所体现的价值。例如旅游企业通过追加为顾客服务或免费服务等消耗的资金和时间，所带来的顾客信誉和可靠性的提高。二是由各种顾客感受得到的无偿支出所形成的价值，例如旅游企业通过降低顾客成本，提高顾客收益等措施所创造的顾客价值。从上述两个方面可以看出，竞争成本并非是旅游企业一味地强调降低成本，而是将企业的着眼点放在了创造价值上，为顾客创造价值，成本就会提高，可能短时间内很少收益甚至没有收益，但是旅游企业的竞争优势就是这些顾客价值带来的，也就是说这些竞争成本会增加旅游企业的长远利益，提高企业的长期竞争优势。

强调以顾客为中心、为顾客创造价值，必须改变过去企业以销售和盈利为主导的战略和文化定位，应当花大力气在某种业务中争取最大的价值份额。为此，企业必须注重能力的培养，必须从产品、服务转向企业规划：一是必须整体地观察思考；二是企业改革过程完全由与顾客交流的质量决定；三是在整个改革过程中必须不断地、有计划地补给能量；四是必须有计划地确定和排除改革的障碍。

竞争成本管理是一种与时代发展相适应的动态成本管理。伴随着网络、信息技术在经济领域的全面渗透，不断创新成本管理方法以获取竞争优势就成为竞争成本管理的一项重要战略。竞争成本管理包含两项中心内容，一是不断修正和完善传统的成本管理方法，即重新审视和规范标准成本制，创新存货成本管理方法，优化成本管理决策行为，推广和应用成本管理再生策略等；二是加快信息技术与竞争成本管理的有机融合。当前比较流行的是“优化的供应链管理”。供应链是竞争成本管理中的一个重要概念，它体现了动态成本管理的特性。面向顾客，将供应商、产品制造企业、运输业和分销公司等都视为创造顾客价值的实体，而每个企业既是链中某个企业产品的用户，又是另一个企业的供应商。优化的供应链管理借助于网络、信息技术及时满足顾客需求，在减少各环节之间延误的同时，达到最小库存、最小总成本以实现增值最大化。

（三）投资回报影响因素

新冠肺炎疫情发生以来，旅游行业遭受重创，造成了当前消极的经济大环境。在经济增速放缓的背景下，多数旅游上市公司的盈利率和净利率表现一般且均呈现下降趋势，净资产收益率平均水平也较低，从而不难看出在大环境的消极经济下整个旅游业效益一般，投资回报率并不高。

1.消极经济环境对旅游发展的冲击

从国际上来讲，新冠肺炎疫情相比起2003年的非典，影响是更大的。有两个数据可以看出，WTTC世界旅游业理事会统计得出，2003年非典全球旅游业的损失是300到500亿美元（折合人民币1950到3250亿元）。2003年中国人出国旅游占全球总量1.5%。到了2018年，中国有1.77亿人次出境旅游，占全球旅游消费16%。美籍华人赵金林教授在文章中指出，据不完全统计，新冠肺炎疫情将会使得以依靠中国出国旅游为主要客源的东南亚国家短期旅游收入将减少30%。比如说泰国，中国是泰国的第一大客源国，中国游客的消费占国内生产总值2.7%。2019年，中国游客为泰国贡献了180亿美元（折合人民币约1170亿元）的收入，而2020年1月24日到31日，中国游客下降60%，一周损失2.94亿美元（折合人民币约19.11亿元），2020年泰国旅游收入仅33亿美元（折合人民币约214亿元），同比跌幅超过82%。2019年，中国游客占美国旅游人数7%，中国游客在美国的花费是340亿美元（折合人民币2210亿元）。由于疫情暴发，美国旅游行业经济损失达13亿美元（折合人民币约84.3亿元）。

对于世界旅游来说，由于我国是世界旅游主要客源国，对世界旅游贡献率在12%以上，本次疫情对世界旅游的影响也是巨大的。疫情对世界各国以中国入境和出境业务为主的旅游企业造成了重大影响，这些企业纷纷进行了业务和市场转向，可能会出现全球旅游供应链的重新调整。就其总量影响而言，自2020年起，全球旅游发展速度急剧放缓，增长速度呈现零增长或者负增长的发展态势。

从政府管制的角度来讲，还需要多少时间恢复旅游业，或者说让旅游业恢复到2020年以前的水平还不能确定。尽管有些地方旅游景区开业了，但实际真正的游客不多，目前旅游景区以本地人为主，游客的信心恢复会有所滞后。同时，旅游业与其他行业相比，不是生活最必需的行业，是提升生活质量的行业，所以旅游业一般说来要比其他行业，恢复的时间要滞后一些。

从历史上历次“灾难”（一战、经济大萧条、二战、地震海啸、金融危机、“非典”）后的情况来看，旅游业都没有消亡，不仅没有消亡，旅游业在全球的经济比重中占比越来越大。旅游是人们追求美好生活方式的体现。我们可以得出结论，旅游是一个永远的朝阳产业，一时的危机阻挡不了旅游业的发展。这也是旅游业界同仁应该取得的一个共识。

从旅游业恢复的角度判断：国内旅游特别是短程旅游率先恢复，出境旅游恢复需要一定的时间，出境旅游还可能受到我国外汇收入的影响，与其呈正相关，入境旅游的恢复可能需要更长时间。与此同时，度假旅游、自然康养旅游将会有一个大的增长；城市旅游消费会更加活跃，都市周边的乡村旅游会有大幅度的增长；自然地理尺度大的地区和疫情不严重的地区，旅游会有较大的恢复；团队旅游特别是长线团队旅游恢复尚需要一定的时间，散客特别以自驾为主的家庭出游方式会有一个大的恢复，长线的旅游包车、旅游专列恢复将较为缓慢。

2.旅游投资与回报

旅游行业有它非常脆弱的一面，任何突发事件对旅游业的影响非常直接且严重，行业风险很高。旅游产品不能储存，不像汽车或者粮食，今天卖不了明天卖，一个地方卖不了换个地方卖，这就是旅游业与其他行业相比脆弱的地方。因此，旅游需求是敏感的，旅游行业是脆弱的，但是行业脆弱不等于没有生命力，不等于没有未来发展的潜力。

在谈脆弱性的同时，学界最近谈得比较多的是恢复力，也就是旅游地或产品在遭到危机之后的恢复能力。实际上，我们以往常说的旅游业特征——投资少、见效快、成本低，恰好与现在相反。在旅游发展的初级阶段，实际上呈现了共享经济特征。以阳朔为例，旅游业开始是用自家的门面卖啤酒和美食，腾空两个房间住宿，这就是投资少。后来经济发展好了，追求五星级酒店甚至是国际品牌的酒店，变成了投资大，周期长，这样一来，风险就大了，我们应该借此机会反思。

因此，在对脆弱性和恢复能力的认知下，我们应该考虑旅游企业的不同经营方式的承受能力是不一样的。比如现在的民宿是越来越高端化，实际上做的是精品酒店。这种小型的精品酒店在面对疫情的时候，它的脆弱性就表现出来了。这些小型精品酒店往往都是远离城市，在一些偏远的地方，同时投资也不是来自大财团，很难得到贷款。但是有些民宿，没有太多雇员，分配方式是合作者分配制，房子是买的或者自建的，分成额度和经营挂钩，不营业就放假，没收入就没分成，这种经营模式相对就比较抗压。因此，我们应该根据实际市场情况，更多考虑投资少、见效快、效益高的灵活投资模式，而不是一味地去追求投资额的多大。

根据社科院统计数据显示，2018 年我国旅游直接就业 2826 万人，旅游直接和间接就业 7991 万人，占全国就业总人口的 10.29％。由此可见，如果稳定了旅游业的就业，就很大程度上稳定了国家的就业基本面，使社会更加稳定。从当前中央和各地出台的政策看，减税、减租、返还失业保险费、返还旅行社质保金，延长亏损结转年限等措施，都在支持企业共渡难关，保护企业，避免出现大规模的倒闭和失业。

至于如何恢复产业活力，除了政府的激励与支持，只要社会经济稳定了、发展了，旅游业是会起来的。2019 年国家提到议事日程的“消费税立法”，也会激发地方政府从实质上重视旅游业发展，因为旅游消费可以直接体现在地方税收。因此政府最重要的还是在控制好疫情之后，提供更好的公共管理服务，因为不管这次出现什么状况，旅游的需求依然会存在的。同时，从产业的发展来看，要调整旅游供给体系建设的基本思路，以“＋旅游”而不是“旅游＋”的方式推进旅游供给体系的建设。

3.如何打好翻身仗

(1)旅游行业是刚需。现代人们的生活压力巨大,旅游是释放压力、调节身心的一种非常有效的方式,可以说只要有条件,无论远近,大多数人都是愿意跨出自己的生活圈去感受一下自然环境、异域人文风景的,甚至很多家庭每年都会安排旅游度假的计划,也使旅游逐步成为人们的一种生活方式,这不会因为疫情而改变,只是延迟了罢了。

(2)国内旅游替代国外出行短期是趋势。目前来看,新冠疫情对旅游行业是一个巨大威胁,但是国内防疫卓有成效。中国无疑是世界上防疫做得最好的国家,这个给了大家在做好安全防护的前提下出行的可能性,而在国外,根本没保障,出不去又想旅游只能在国内,这样的替代需求对国内旅游市场是很大的机遇。

(3)零星散发的疫情都在可控范围内。疫情并不可怕,关键是有没有做好防疫措施。现在回头来看2021年内蒙古旅行团疫情的暴发,其实并不是旅游造成的疫情暴发,事实是疫情在内蒙古当地可能已经传播了一段时间了,只是随着旅游的人群将疫情扩散到了内蒙古以外的地区。但即使是这样,我们政府还是很好地控制了疫情。而2022年以来,在天津、上海、广西等地暴发的中小规模疫情也都与旅游无关,或是因疫区人员返城务工没有及时报备,或是因境外输入人员隔离疏漏,所以说,旅游并不是疫情传播和扩散的主要途径。未来零星散发的疫情恐怕还会发生,但经历了多次疫情散发事件后,政府在应对突发情况上经验更足,我们完全可以相信国内环境还是很安全的。

(4)把握时机、加速争夺。在我国,旅游的优先级相对其他产业较低。虽然这并不意味着旅游需要最后复苏,但是旅游业的复苏速度可能会是最慢的。未来经济复苏过程中,对资源的争夺会出现僧多粥少的局面。大量的企业受到疫情影响后都在嗷嗷待哺,但能供给的资源相对较少,在行业内与同行竞争获得一定的优势,抢先拿到资源,才有可能能够获得较好的发展希望。

在当前经济低迷的大环境下,给企业现金流提出很大挑战,收入暂停,但支出和成本还在流逝,对于现金流很紧的企业来讲冲击巨大。将中国旅游产业链分成上游、中游、下游三个部分来看,产业链的上游是以旅游景区为代表的资源型领域,可以透过核心旅游资源构建旅游目的地承载更多中游及下游企业。中游则是对接需求和供给之间的服务商,例如旅行社、OTA(在线旅行社)等,在整个旅游消费链中担当中介服务角色。下游主要围绕上游进行配套服务的多元化产品供给,例如旅游餐饮、旅游酒店住宿,旅游交通等。

从资本角度,首先来看下游产业的基本特征,下游随着互联网基因的注入和热点的不断更新,产品快速迭代。疫情之下,下游将会加速迭代,变化虽然存在,但未来发展只能在微观层面受影响,宏观层面不一定受到太大的影响。再来看中游,中游在上游和下游的挤压下,一直承受压力,甚至面临整个的市场价格战,作为一个微利的产业类型,现金流往往会绷得最紧,抗风险的能力最令人担忧。我们也看到疫情开始不久,某国内较知名境外签证服务商就首先宣布破产清算。最后再来看上游,上游适应力比下游中游要好很多,旅游景区经营者每年都面临着现金流的大幅波动,旺季与淡季的交替让上游对大型波动适应度最强。

以投资的眼光来看，上游更应该关注较低价格获取资源的机会，而对中游来讲，更多关注整个产业集中度，在疫情后挺过去的中游企业，未来会呈现更大的发展规模。那么下游关注的则是创新产品的出现，创新产品将是最佳的投资方向。

这次疫情也在倒逼着中国旅游产业升级。过去的中国旅游产业更多集中在大型项目开发、远途或中远途的旅游组织，以及特色化围绕核心资源的产品植入，拥有核心旅游城市核心景区便可以构建整个旅游产业。但疫情提示了旅游产业，大规模集中化需要逐渐转变，例如相对分散在城市周边，为整个城市服务提供轻型休闲、微型度假等类型的产业供给。首先消费的释放，解封后出游的心理动机演化成未来的旅游消费，但短期内，跨国跨省旅游难度仍很大，所有只能在周边实现，在这种情况下，有可能会倒逼中国旅游产业会在周边轻休闲、微度假的领域，呈现一个新的行业机会。

所以我们可能要关注，轻休闲、微度假构成的整个产品要素，例如特色美食，特色住宿。大规模商务酒店可能不一定是最优的投资方，相对人口密度较低、有特色，自然环境优质的民宿类产品或精品酒店可能会更受欢迎。

这次疫情对整体旅游业的影响幅度、广度、深度都非常大。在未来复苏的过程中，也将面临非常严峻的挑战，可以说困难重重。但无论如何，我们以投资的角度也能发现旅游复苏过程中的产业亮点：产业的集中度将会逐渐变高，创新在旅游产业当中的影响力变得更大。抗风险的要求、现金流的安全性，未来成为每一个旅游产业都要关注的重点话题。

总的来说，我们期待着在疫情结束之后，整个中国旅游产业能够实现浴火重生。

（四）国际收支平衡影响因素

国际收支是指一个国家在一定时期内由对外经济往来、对外债权债务清算而引起的所有货币收支。它有狭义与广义两个层次的含义。狭义的国际收支是指一个国家或者地区在一定时期内，由于经济、文化等各种对外经济交往而发生的，必须立即结清的外汇收入与支出。广义的国际收支是指一个国家或者地区内居民与非居民之间发生的所有经济活动的货币价值之和。它是一国对外政治、经济关系的缩影，也是一国在世界经济中所处的地位及其升降的反映。国际收支状况通常是通过国际收支平衡表来反映，它是系统地记录该国在一定时期内国际收支项目及金融的统计表，这一统计表是各国全面掌握该国对外经济往来状况的基本资料，是该国政府制定对外经济政策的主要依据，亦是国际营销者制定营销决策必须考虑的经济环境。

1. 旅游国际收支逆差对经济的影响

持续的、大规模的国际收支逆差对一国经济的影响表现为以下两个主要方面：

首先，不利于对外经济交往。存在国际收支持续逆差的国家会增加对外汇的需求，而外汇的供给不足，从而促使外汇汇率上升，本币贬值，本币的国际地位降低，可能导致短期资本外逃，从而对本国的对外经济交往带来不利影响。

其次，如果一国长期处于逆差状态，不仅会严重消耗一国的储备资产，影响其金融实力，而且还会使该国的偿债能力降低。如果陷入债务困境不能自拔，这又会进一步影响本国的经济

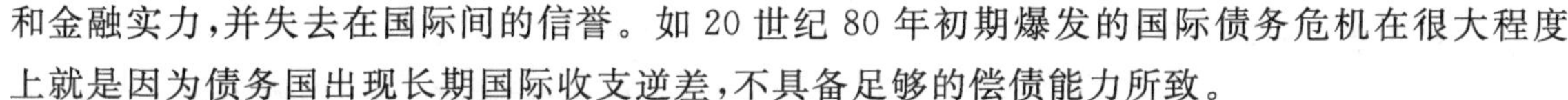

和金融实力，并失去在国际间的信誉。如20世纪80年初期爆发的国际债务危机在很大程度上就是因为债务国出现长期国际收支逆差，不具备足够的偿债能力所致。

2.旅游国际收支顺差对经济的影响

持续的、大规模的国际收支顺差也会对一国经济带来不利的影响，具体表现在：

首先，持续性顺差会使一国所持有的外国货币资金增加，或者在国际金融市场上发生抢购本国货币的情况。这就必然产生对本国货币需求量的增加，由于市场法则的作用，本国货币对外国货币的汇价就会上涨，不利于本国商品的出口，对本国经济的增长产生不良影响。

其次，持续性顺差会导致一国通货膨胀压力加大。因为如果国际贸易出现顺差，那么意味着国内大量商品被用于出口，可能导致国内市场商品供应短缺，带来通货膨胀的压力。另外，出口公司将会出售大量外汇兑换本币收购出口产品从而增加了国内市场货币投放量，带来通货膨胀压力。如果资本项目出现顺差，大量的资本流入，该国政府就必须投放本国货币来购买这些外汇，从而也会增加该国的货币流通量，带来通货膨胀压力。

再次，一国国际收支持续顺差容易引起国际摩擦，而不利于国际经济关系的发展。因为一国国际收支出现顺差也就意味着世界其他一些国家因其顺差而国际收支出现逆差，从而影响这些国家的经济发展，他们要求顺差国调整国内政策，以调节过大的顺差，这就必然导致国际摩擦。例如20世纪80年代以来，越演越烈的欧、美、日贸易摩擦就是因为欧共体国家、美国、日本之间国际收支状况不对称。

可见，一国国际收支持续不平衡时，无论是顺差还是逆差，都会给该国经济带来危害，政府必须采取适当的调节，以使该国的国内经济和国际经济得到健康的发展。

3.其他

国际收支大量逆差的影响：

(1)使本国对外负债超过支付能力，引发债务危机。

(2)耗尽本国外汇储备，金融实力减弱，本币汇率下降，损害该国的国际信誉。

(3)由于出口收汇主要用于还本付息，因而无力进口本国经济发展所必需的生产资料，影响国民经济。

国际收支大量顺差的影响：

(1)大量的出口意味着本国经济资源的掠夺性开采。

(2)央行需拿出大量本币购买外汇，基础货币供给增大，增加通货膨胀的压力。

(3)对主要贸易伙伴的长期顺差容易发生贸易摩擦。

(五)环境成本影响因素

随着中国经济的发展，大众的生活水平已经不止于满足温饱问题，而是越来越多地追求精神需求，所以旅游行业成为人们获取精神需求的重要途径。在旅游资源丰富的中国，人们更看重旅游能给各地区带来多少经济价值，而忽视了旅游对各地方景点的环境影响。因此造成环境成本的增加。

1. 对生态环境的消极影响

(1)对旅游景区环境的影响。旅游景区卫生环境较差，游客所留垃圾居多，部分水域污染严重，多为人为所造成，治理难度与管控力度不强。在旅游景点我们经常可以看到旅游者触摸攀爬名胜古迹，在部分古迹上乱刻乱画，所有这些，都使名胜古迹的本来风貌和存在寿命受到严重威胁。还有一些旅游者随手丢垃圾的不良行为，也致使风景区的美观大打折扣。更有少数旅游者，竟在旅游区狩猎、采集、露营、野炊，这既加重了旅游区的生态负担，又可能造成物种稀少，甚至灭绝，使旅游区的平衡受到严重破坏。在一些地区，生态破坏和环境污染的影响甚至限制了旅游业的进一步发展。

一些重点旅游景区团游较多，旺季时人满为患，旅游气氛明显丧失，形成一种只看人头，不看风景的现象。尽管许多独特的自然景观和历史文化遗址，为我国旅游业的开发和发展提供了丰富的旅游资源和相当程度的自然生态支持；但我国旅游业所面临的实际环境问题却不容乐观。

(2)对接待地环境的影响。因旅游人口密度大，车辆居多，对当地的大气影响，噪声污染较为明显，大量资料显示旅游已经成为影响环境的主要因素。随着各地游客进入旅游景区后，为供游客乘坐的各种交通设备一应俱全，汽车排放的大量有害尾气，众多旅客呼出的二氧化碳，旅游区内的旅店、民宿、饭店等做饭使用的煤炭，都会对旅游区的大气环境造成严重的污染。近年来，随着国家多个节假日高速的免费政策，绝大多数游客选择使用私人交通工具，它不但会消耗更多的资源，也会排放出更多的大气污染物。旅游交通的频繁和飞机、汽车、游艇等交通工具废气排放量的增大，致使旅游接待地的空气污染、噪声污染和水质污染加剧。

(3)对原生态环境的影响。旅游业的兴起使得各个地方为了发展本区域的经济，把本地区的特色发展成旅游，来带动本地区的经济。我曾经去长白山调研过，此地文明国内外，每年有许多人慕名而去，因此吉林省也看好长白山旅游的这个项目，为此在长白山建立旅游管委会，对长白山进行开发建设。把原有的土木砖瓦房，北方的特色道路拆除，经过规划建设起现代化城市。使得原有的本地文化，本地特色，以及能够体现出当地人民生活状态不一样的地方均被拆除。外地人去参观，是否就想看这些原生态的东西，是否就想看看北方高寒地区的生活状态，把这些改成新建筑，就是把固有的文化抹杀掉了，让它消失了。

综上所述，随着我国旅游行业的发展，景区的水土、大气都有不同程度的污染。由于中国的人口基数大，旅游行业的发展特别迅速，而又缺乏规划和管理，国民的生态意识较差，可以说哪里有人，生态破坏和环境污染也就到哪里。风景区内生活污水增多，垃圾废渣、废物剧增。日前，日喀则市定日县珠峰管理局发布公告，禁止任何单位和个人进入珠穆朗玛峰国家级自然保护区绒布寺以上核心区域旅游，这是什么原因造成的？可想而知，随着攀登珠峰的人越来越多，“到此一游”者络绎不绝，被丢弃在这方净土的垃圾和废弃物越来越多，为了保护环境，当地不得以做出了“无限期关闭珠峰”来清理垃圾、保护生态的决定。因此旅游虽然给大众带来了欢乐，精神上的享受，但旅游带来的环境成本也与日俱增。

2. 对政策环境的影响

我国旅游资源丰富，发展稳定，逐步实现从旅游短缺型国家向旅游大国的转变。产业的发展离不开政策的支持，随着旅游业一系列政策的出台，产业发展得到了更有利的保障。但受疫情影响，旅游业严重受创，很多旅游企业濒临倒闭，旅游业损失惨重。疫情带来的影响如下。

(1)国内疫情持续对旅游供应链营运产生重大影响。很多景点每年靠的是节假日盈利。但是由于疫情的到来，大部分人都取消了原定计划的旅行，而出于对疫情的控制，大部分景点也选择了关闭。在这样一个大环境下，我国旅游行业进入了低迷状态。旅游行业现在占我国经济收入比重越来越重，甚至可以说对全球经济都有一定的影响力。而这次疫情的来临，导致旅游行业不能复工，旅游从业人员也会因此遭受辞退、离职。而其中餐饮、交通、旅店等大多数旅游供应链也因此遭受严重的影响。同时对于这样突如其来的疫情，旅游行业资金链肯定也会出现相应的问题，后续想要尽快恢复也是比较困难的。

而且从长远来看，这次疫情因为持续周期比较久，很有可能还会影响近几年的旅游节日。同时因为疫情导致我国经济整体比较低迷，在大部分人手上不宽松的情况下，他们会减少对旅游行业的需求。而从长期来看，受这次疫情的影响，在比较长的一段时间，旅游行业都不会太火爆。

(2)疫情压垮中小企业，生态环境需要重组。以旅游行业上市公司为例，据官方数据显示，自 2020 年 1 月 20 日疫情不断升级以短短的 7 个交易日内，旅游酒店板块整体下跌高达 18%，在沪深 61 个行业板块中跌幅最大，其中，中青旅、西安旅游、云南旅游、张家界、腾邦国际、首旅酒店等上市公司下跌幅度均超过 20%。另外，和旅游行业密切相关的民航机场、工艺商品板块跌幅也较大。这些数据初步反映出资本市场对此次新冠疫情影响下旅游行业未来发展的担忧。

(3)对国外的影响。下面摘录一则央广网 2020 年 4 月 7 日发布的一篇关于 2020 年疫情最严重一年较为全面的数据报道：

旅游业是全球受疫情冲击最为严重的行业之一。2020 年游客数量将比 2019 年下降 20%～30%，国际旅游收入减少 3000 亿～4500 亿美元。多国旅游业遭受重创。为应对危机，各国政府和企业纷纷采取应急措施，努力摆脱困境。

世界旅游业理事会的最新报告预测，受疫情影响，目前全球有 7500 万个旅游业工作岗位面临威胁，2020 年旅游业产值预计将损失 2.1 万亿美元。其中，亚太地区受到的影响最为严重，4900 万旅游从业者可能失业，行业产值预计损失近 8000 亿美元；欧洲有 1010 万旅游业者可能失业，行业产值预计损失近 5520 亿美元。

为了应对疫情，泰国首都曼谷近期已宣布关闭所有大型商场、旅游和娱乐设施，取消部分泰国航空公司国际航班，每年一度的泰国宋干节(泼水节)也被迫无限期延后。泰国财政部长乌达玛近日表示，泰国今年将流失 500 万外国游客。

东南亚其他多国旅游业也受到严重影响：2 月入境柬埔寨的外国游客数量下降了 60%以上。印尼酒店与餐厅协会的数据显示，2 月以来巴厘岛的酒店入住率降至 5%以下，多家酒店被迫中止营业。该协会估算,全国酒店入住率已降至20%。马来西亚酒店业协会称,截至3月16日,马来西亚有约17万间客房预订被取消。据新加坡《海峡时报》报道,3月新加坡出入境旅行预订业务量较平时下降80%。欧洲多国旅游业同样遭受重创。据意大利旅游联合会3月初的预测,今年3月~5月,意大利游客数量将减少近3200万人,损失超过70亿欧元。西班牙旅游协会预测,西班牙旅游业收入全年预计损失550亿欧元,同比下降32.4%。葡萄牙旅游业联合会主席弗朗西斯科·卡列罗斯表示,该国旅游企业3月的平均销售收入下降了40%~50%,预计未来两个月,九成以上旅游企业可能出现"零销售额"。法国国际广播电台的报道称,因众多航班、旅游、住宿等预订取消,法国旅游业损失可能高达400亿欧元(约2853.9亿元)。由于旅游业约80%为中小企业,且女性、青年人和农村劳动力占从业者主体,业界担心,如果疫情持续,大量相关领域的中小企业将破产倒闭,势必对众多脆弱群体的生计构成威胁。

多国政府纷纷出台纾困和援助措施应对挑战。目前,泰国政府已先后推出三轮经济刺激计划,包括向中小企业提供优惠贷款、税务减免等,重点支持旅游业相关企业。印尼连续推出两轮经济刺激计划,包括向当地航空公司和旅行社提供援助资金,资助巴厘岛在内的10个旅游目的地的营销活动,为前往旅游目的地的国内游客提供航班折扣优惠,相关酒店和饭店免税6个月。柬埔寨政府宣布为暹粒省西北部所有酒店和旅馆提供税收优惠,为期2~5个月。马来西亚通过发放旅游电子优惠券、免除酒店服务税、减免个人所得税等多种激励措施促进当地旅游业发展。新加坡政府则为旅游业雇员发放工资补贴,每名在职本地员工每月获得75%的工资补贴,另再拨付9000万新元(1新元约合5元人民币)重振旅游业。

在欧洲,西班牙和意大利等国的旅游业在GDP中占比超过10%。意大利政府3月初紧急拨款36亿欧元,并颁布首个针对疫情严重地区的抗疫法案,用以支持经济发展,重点扶持受重创的旅游业,同时向陷入困境的意大利航空公司提供支持。西班牙政府也通过了4亿欧元的专项贷款担保,专门满足受疫情影响的旅游业企业和相关运输业的流动性需求。法国政府设立了总额为10亿欧元的团结互助基金,符合要求的旅游业中小企业或个体经营者均可申请人均1500欧元的补助,对于受疫情影响严重的零售、餐饮等企业视情免除电费、煤气费及房租等。

危机管理策略需不断完善为应对挑战,世界旅游组织与地区委员会的主席国和世卫组织、国际民航组织等最近共同成立了全球旅游危机管理委员会,将根据疫情防控情况定期举行会议,评估疫情形势并给出建议,同时将出台一系列促进旅游业恢复的建设性举措。业内人士分析认为,如疫情持续较长时间,一些实力较弱的旅游企业或将陷入运营困境,旅游相关企业关停和并购会增加,全球旅游企业或将面临重组与洗牌。与此同时,疫情后旅游企业间的竞争也将加剧。为了吸引更多消费者,旅游业需要推出更多具有创新性和吸引力的产品。

综上所述,疫情严重,各国的民族主义和孤立主义都有所抬头,即使疫情相对稳定了,境内外游也不一定能恢复到往日水准。因此政府所需要应对的环境成本问题,也会面临极大挑战。

延展阅读

2019 年全国红色旅游收入高达约 4000 亿元

2021 年 12 月 28 日,《中国红色旅游发展报告(2021)》(以下简称《报告》)新书发布会在京举行。《报告》指出,近年来,红色旅游市场规模日益扩大,总体上呈现出高速增长的态势。

据相关统计资料显示,全国红色旅游出游人数从 2004 年的 1.4 亿人次增长到 2019 年的 14.1 亿人次,实现了 10 倍增长。单从游客数量上来看,红色旅游已占据国内旅游产业逾 1/4 的份额,成为中国旅游业的核心组成部分之一。同时,红色旅游还带动了当地社会经济的全面发展,实现了经济效应和社会效应的协调统一。据文化和旅游部相关统计显示,2019 年全国红色旅游收入高达约 4000 亿元;经典景区每月平均吸纳就业人员超过 1.5 万人,推动解决了当地的就业问题,增加了居民收入。

2020 年,突然暴发的新冠疫情对旅游产业造成了巨大冲击,全年参与红色旅游的游客仅约 1 亿人次。但值得肯定的是,面对严峻的疫情形势,国家有关部门和各省份多措并举,积极推动旅游市场回暖。2021 年,旅游市场迎来了持续复苏,各大小长假红色旅游备受追捧。清明节假期,全国各地以“守护·2021 清明祭英烈”主题,纷纷开展扫墓、祭奠英烈等纪念活动,红色旅游成为多数游客的首选。“五一”期间,红色旅游再次掀起了一股热潮,市场人气明显回升。总的来看,红色旅游热度持续攀升,并已呈现出恢复性增长态势。

第三节 提高旅游经济收益的主要途径

一、提高旅游宏观经济收益的主要途径

(一)深化旅游体制改革

政府相关部门可以通过建立合理的旅游经济管理体制来促进旅游宏观经济发展,如政府职能的转变与加强。政府机关加强和完善旅游行业管理,通过管理和协助旅游行业的企业和协会,促进旅游宏观经济发展,如建立一整套旅游企业市场竞争的“游戏规则”;体制改革不能只局限于政府中,旅游行业的企业建立现代企业制度,如组建大型旅游企业集团、探索公有制在旅游企业的多种实现形式;深化旅游投资体制改革,还可以在旅游景区吸纳当地居民投资与入股,一同参与旅游地的开发、建设和经营;深入改革旅游价格体制,充分发挥市场对价格的自主调节作用。

(二)改善宏观调控,调整产业结构,完善旅游设施系统配套

对整个旅游产业的发展做出统一、科学、合理的规划;制定和完善旅游产业结构政策,明确旅游产业的发展重点和优先顺序。

在国内疫情得到有效控制的情况下,为了加快旅游业复产复工,各地结合国家政策指导以

及当地情况，加速出台了旅游业扶持政策，帮助经营困难的旅游企业共渡难关。根据前瞻统计，绝大多数省市更是直接发布了针对旅游业的扶持政策，如海南省发布了《海南省旅游产业振兴计划(2020—2023)》《海南省旅游市场推广促销实施方案》《应对新型冠状病毒性肺炎疫情支持海南旅游企业共渡难关六条措施》《海南省振兴旅游业三十条行动措施(2020—2021)》等多项政策，从财税、金融、用地等多个方面对旅游业提供全方位的支持。再如山东发布《山东省精品旅游景区建设三年行动方案》《关于积极应对新冠肺炎疫情支持旅游企业发展的若干措施》，一方面加快精品旅游景区打造，重振旅游业；一方面提出四大项共20条举措，帮扶旅游业。

（三）加强旅游市场调查与预测，扩大旅游客源

旅游业相关部门及企业应在保持现有客源的流向、流量的基础上，调查潜在客源状况，预测主要客源国的政治经济状况和发展趋势，以便制定相应的策略。例如，“观研天下”发布的《2021年中国旅游市场分析报告——行业运营态势与发展前景预测》涵盖行业最新数据，市场热点，政策规划，竞争情报，市场前景预测，投资策略等内容。更辅以大量直观的图表帮助本行业企业准确把握行业发展态势、市场商机动向、正确制定企业竞争战略和投资策略。本报告依据国家统计局、海关总署和国家信息中心等渠道发布的权威数据，以及对行业的实地调研，结合了行业所处的环境，从理论到实践、从宏观到微观等多个角度进行市场调研分析，都有助于旅游行业经济的发展。

（四）优化、更新旅游产品

大力开发非观光旅游产品，重点考虑商务、会议、度假、探险等特种旅游项目及组合型产品。在这里我们和大家分享一个尼亚加拉瀑布的例子。

尼亚加拉瀑布也直译作拉格科瀑布，“尼亚加拉”在印第安语中意为“雷神之水”，印第安人认为瀑布的轰鸣是雷神说话的声音。尼亚加拉有过太多冒险故事，每年这里都有一些冒险者涉水在大瀑布横切出的峡谷边缘寻求刺激。这中间也不乏挑战自我和厌世的人，所以，每年在当地的媒体上都可以看到不少冒险者用种种奇特的方式随瀑布坠落峡谷和自杀者跳崖跌入谷底的报道。

从1901年起，曾有16人试图成功跳入尼亚加拉瀑布，他们都采取了保护措施，但只有10人生还，因为物体从尼亚加拉瀑布上落下的速度可达352.8千米/小时。1901年，密歇根州女教师安妮·埃德森·泰勒将自己和自己的爱猫装进一个木桶里从瀑布上冲下来，希望为学校集资，她和自己的小猫毫发无伤，可也没获得多少资助。如今，木桶的仿制品在大瀑布博物馆里展出，每年被几百万人抚摸。

2003年10月21日，一名名叫科克·琼斯的美国男子跳入尼亚加拉瀑布，结果奇迹般生还，但却被罚款2260美元，并被命令一年内不准靠近尼亚加拉瀑布公园；逃生大师威廉·赫尔也曾在一只木桶里放了14只汽车轮胎和厚厚的棉垫，有20万人观看他从大瀑布上翻滚下来。

许多杂技表演艺术家也经常来到尼亚加拉瀑布一展身手。最早在尼亚加拉瀑布上走钢丝的人是法国走钢丝演员查理·布隆丹，1859年，他从一条长335米，悬于瀑布水流汹涌处上方49米的钢丝上走过。至今，还没有人打破他创下的纪录。2005年，“高空王子”科克伦用一根

27 千克的竿子平衡，在大瀑布上表演走钢丝；2005 年 6 月 15 日，一名 61 岁加拿大老人在大瀑布上的一根 79.24 米长，121.91 米高的钢丝上一天两次行走，为儿童慈善团体筹集资金。

尼亚加拉有这样一个传说：传说在这尼亚加拉峡谷中住着一个古老的印第安部落，族里规定女孩成年后通常是由父母私订终身。有一位很美丽的印第安少女在成年仪式上，被父母许诺给了一位又老又丑的老头，少女顿觉痛不欲生，跑到尼亚加拉大瀑布前哭泣了一天一夜，最终竟坐着竹筏漂进了大瀑布中，再没有回来。也许就是这美丽而动人的传说，使许多人相信大瀑布后还有另一个美好的世界，有一个美丽的少女，因此每年从尼亚加拉瀑布跳下的人不计其数。每年在这里还举行一次冒险挑战的死亡游戏，参加这项游戏的选手带着食物和氧气，进入密封的木桶里，从瀑布源头滚下来，随着瀑布的巨大的冲力，在深渊中翻腾十多次，最后被冲到下游。最终的胜利者属于安全到达目的地的选手，这些侥幸活下来的人可以拿到一笔奖金。但在这过程中每年都有人被瀑布冲得粉身碎骨。尼亚加拉博物馆里还保存有许多木桶，向人们讲述着那些勇敢者的故事。

（五）将旅游与网络媒体相结合

旅游行业可以充分利用网络平台和自媒体，提高旅游经济发展，提升经济收益。

例如，在北京环球影视城试营业阶段，园区邀请了大量 KOL（网络意见领袖）、媒体机构参加内测，并通过微博、抖音、快手等媒体平台进行宣传。网红通过 Vlog、推文等形式发布测评内容，去吸引受众。除此之外，媒体机构的报道也让北京环球影城火了一把。中新视频还专门为北京环球影城成立一个话题，为网友提供游园攻略，以加大宣传力度。其中典型的 IP 威震天的爆火，受众自传播是一个渠道，KOL 与新媒体平台对宣传效果的放大也不容忽视。微博超话、抖音话题的开通和建立，都使内容得到更快传播。同时，KOL 助力也帮助其进一步扩散。贾乃亮、贾玲等明星和威震天的互动，更是将话题引爆，让内容继续破圈。购物中心 IP 营销上也需充分利用各方渠道制造话题点。

二、提高旅游微观经济收益的途径

（一）加强旅游市场调研，扩大旅游客源

旅游客源是旅游业赖以生存和发展的前提条件，也是增加旅游企业营业收入的重要途径。因此，旅游企业必须随时掌握旅游客源市场的变化，包括对现有客源的流向、潜在客源的状况，以及主要客源国的政治经济现状及发展趋势进行调查、研究和分析，以便企业有针对性地进行旅游宣传和促销；企业应该提供合适的旅游产品和服务，不断扩大客源市场，增加旅游企业的经营收入，提高经济收益。否则，旅游企业就会失去市场竞争力、失去客源，而没有客源就没有旅游经济活动，也就无法实现和提高旅游企业的经济收益。

（二）提高劳动生产率，降低旅游产品成本

提高旅游企业的劳动生产率，降低旅游产品成本是提高旅游企业经济效益的重要途径之一。提高劳动生产率，就是要提高旅游企业职工的素质，加强劳动的分工与协作，提高劳动组织的科

学性，尽可能实现以较少的劳动投入完成同样的接待任务，或者以同样的投入完成更多的接待任务，达到节约资金占用，减少人财物力的消耗，降低旅游产品的成本。同时，提高劳动生产率还有利于充分利用现有设施，扩大营业收入，达到提高利润，降低成本，增加旅游经济效益的目的。

（三）提高旅游职工素质，改善服务质量

改善和提高旅游服务质量，是增加旅游效益的关键。旅游服务质量的好坏，不仅表现在旅游景观是否具有吸引力，旅游活动的内容是否丰富多彩，旅游接待设施是否舒适、安全，而且也体现在旅游服务人员的服务态度、文化素质和道德修养上。因为旅游服务是通过旅游企业职工热情周到、诚挚友好的服务态度，通过服务人员谦虚的礼貌、整洁的仪表、娴熟的服务技能、良好的文化素质和修养来使游客真正享受到“宾至如归”的感受。因此，改善和提高服务质量就能满足游客的需求，促使他们增加逗留时间，增加消费，从而相应提高旅游经济效益。既然服务质量的好坏主要体现在职工身上，因此必须提高旅游企业职工的政治素质、专业知识、业务技能和道德修养，这也是提高服务质量的保证。

（四）加强企业经济核算，提高企业经济收益

经济核算是经济管理不可缺少的重要工作之一。旅游企业的经济核算，是旅游企业借助货币形式，通过记账、算账、财务分析等方法，对旅游经济活动过程及其劳动占用和耗费进行反映和监督，为旅游企业加强管理、获取良好的经济收益奠定基础。加强旅游企业的经济核算，有利于发现旅游经济活动中的薄弱环节和问题，分析其产生的原因和影响因素，有针对性地采取有效的对策和措施，开源节流，挖掘潜力，减少消耗，提高经济收益。

（五）加强旅游企业的管理基础工作，不断改善经营管理

旅游企业的经济收益也是建立在良好的管理基础工作之上的，不仅是改善旅游企业经营管理的前提，也是创造良好经济收益的重要途径。因此，加强旅游企业的管理基础工作，必须切实做好以下方面，一是要加强标准化工作，促使企业各项活动都能纳入标准化、规范化和程序化的轨道，建立良好的工作秩序，提高工作效率。二是要加强定额工作，制定先进合理的定额水平和严密的定额管理制度，充分发挥定额管理的积极作用。三是加强信息和计量工作，通过及时、准确、全面的信息交流和反馈，不断改善服务质量，并在加强计量监督和管理前提下，不断提高服务质量、降低成本、提高经济效益。四是加强规章制度的制定和实施，严格各种工作制度、经济责任制度和奖惩制度，规范职工行为，促进经营管理的改善和提高。

（六）降低企业销售成本，提高企业销售收入

加强企业整个经营过程中的科学管理，严格控制成本核算，重视从业人员的素质和技能，杜绝浪费。包括对旅行社，要保证边际成本都小于边际收入；对交通、饭店、游览娱乐场所，要提高设备利用率，提高市场占有率。

企业致力于提供符合市场需要的，具有吸引力的产品和服务，并制定好合理的价格，选择好分销渠道，搞好与中间商的合作关系，避免坏账损失，同时，搞好广告、宣传促销工作。

2021 年上海旅游总收入预计同比增 30%！企业苦练内功提升品质，政府出台政策助力创新

2021 年，局部散发疫情对旅游业冲击仍不小，但上海文旅行业苦练内功提升品质，在困境中寻求机遇。记者从上海市文化和旅游局获悉，在供需两端发力、支持企业纾困和创新发展的基础上，2021 年上海文旅发展各项指标稳中有升，预计文创总产出比 2020 年增长 20%左右，旅游总收入比 2020 年增长 30%左右，恢复至 2019 年八成水平。

“疫情是困难也是机遇，让我们有时间去更好地提升服务和抓紧造船，为世界级旅游项目做好准备。”上海浦江游览集团有限公司总经理王壹感叹。从“龙船”到“水上会客厅”“水上秀场”，浦江游览正“涅槃重生”。

2022 新年元旦假期，鲜肉小馄饨、麦乳精汤圆、老上海粢饭糕、传统蝴蝶酥等众多上海风味食品将“登船”，为人们带来怀旧记忆。“2022 年，两艘新船将下水，浦江游览将成为一个拥有 21 艘船，包括常规、定制等数百条线路的来上海必游项目。”王壹说。

受疫情影响，由于出境游停摆、跨省游多次“熔断”，旅行社是受冲击最严重的市场主体之一。对此，上海文旅部门联合上海市总工会开展职工“爱上海、游上海”活动，精心设计 100 余条推荐线路，动员全市各级工会开展春秋游活动超过 40 万人次。同时，突出都市型全域旅游特色，先后出台提升红色旅游、郊野公园建设、打响“浦江游览”品牌等一系列指导性意见，大力发展上海的红色游、新城游、工业游、古镇游、文博游。

梧桐树下的老建筑，如今不仅有了更多“阅读方式”，更成为风靡社交平台的文艺节目、文创产品的“主角”。“建筑可阅读、城市微旅行”年度文化主题，实现 2021 年上海旅游节的破圈和迭代，拉动消费 360 亿元；联动进博会创新举办上海国际艺术品交易月，集中推出艺术活动 300 余场，吸引交易主体 420 余家，累计交易艺术品货值达 108 亿元。

在抓项目带动、促企业转型上，上海以重大投资项目带动文旅企业向品质化、数字化、融合化方向转型。一方面，举办了首届上海旅游投资促进大会，集中启动两个“1000 亿”重大旅游投资项目和招商项目；另一方面，着力建设数字文旅高地，启动建设了上海数字文旅中心，打造“一码畅游”应用场景，建成了 775 家数字酒店。

上海还主动适应常态化疫情防控，通过打好政策“组合拳”助力企业纾困、创新发展。在 2020 年上海旅游助企纾困“12 条”基础上，2021 年市文旅局联合多部门共同出台《关于支持上海旅游业提质增能的若干措施》，推出一揽子有含金量的政策措施。

“‘诗和远方’、美好生活的蓝图，正由我们亲手变为现实。”市文化和旅游局负责人表示，新的一年上海文旅部门将坚持从供需两端发力，不断完善政策供给，持续支持企业创新发展，为上海及全国文旅业复苏提振再做新贡献。

第四节　旅游经济成本

一、旅游宏观经济成本

（一）旅游宏观经济成本的定义

旅游宏观经济成本，指为开展旅游活动而付出的社会总成本。它由私人成本（由旅游者负担）、附加成本（由旅游目的地居民负担）及相关的财政成本（由旅游目的地政府负担）所组成。其中，私人成本由旅游者直接支付，如景点门票费。附加成本由于没有相应的补偿而被转嫁给别人（旅游目的地居民）。如往返景点时需要公路、当地警察的交通管理等服务，而他们的开支则是附加成本。另外，政府通常以税收的形式将公共开支转嫁给当地企业和居民，由政府负担的开支称之为财政成本。例如：高速公路的建设与维修、渔猎管理、公园和娱乐设施、博物馆和历史古迹、港口及车站设施、森林保护、公共交通补贴、警察服务、消防、医院和其他保健设施、环境保护、清洁卫生服务、供水和污水处理、垃圾和废弃物处理。

在旅游宏观经济角度分析中，有一些难以量化和测算的旅游无形成本与相关的财政成本之间建立了直接的联系，这为尽量全面地定量考察旅游经济活动的宏观总成本提供了客观依据和操作准则。比如，毁坏社会文化遗产的附加成本，可以通过维护博物馆和历史古迹，以及警察服务的相关支出来测算。

除此以外，还有一些旅游无形成本是很难反映出来的。比如，旅游活动对旅游目的地国家或地区的文化、道德观念和社会生活等所带来的消极作用；刺激旅游目的地通货膨胀，对当地经济的长远发展和经济结构产生一定的负面影响等。旅游经济活动的消极影响往往为人们所忽略，同时，这些消极影响所带来的宏观成本的量化也很困难。

在经济学分析角度中，1982 年，马西森和沃尔指出了旅游消极影响带来的具体的宏观经济成本如下：

1.过分依赖旅游业的经济体高成本（尤其是许多太平洋岛屿国家）

据英国《金融时报》网站 2020 年 8 月 3 日报道，有一风景秀丽的岛屿国家，因为过分依赖旅游业，作为新兴经济体，在此次疫情暴发前就已经因为财政紧张和债务激增而陷入困境。由于全球范围内新冠病毒的传播，如今使游客望而却步，这些经济体正在估算因为游客连续第二个夏季减少所造成的经济损失。

联合国世界旅游组织 2020 年 7 月公布的数据显示，该年前 5 个月，全球国际入境游客比 2019 年疫情暴发前的 5.4 亿人次减少了 85%。这比去年同期更糟，当时入境人数同比减少了 65%。报道称，亚太地区受到的打击尤为严重，入境人数较 2019 年减少了 95%——主要原因是一直没有来自中国的游客。

报道指出，大部分新兴国家的旅游收入下降正值政府苦于应对疫情带来的损失之际。国际金融协会称，大型新兴经济体的平均政府债务从 2019 年占国内生产总值（GDP）的 52.2%

增至2020年的60.5%，创下有记录以来的最大增幅。

风险最大的国家是“经济规模较小、多样化程度较低、遭遇疫情时财政状况较差的国家。巴哈马、马尔代夫和斐济等地极其依赖旅游业，因此受到了巨大冲击”。泰国2019年有20%的GDP和就业来自旅游业。2020年夏季，该国试图对已接种疫苗的游客启动“旅游气泡”，但从一开始就不顺利：尽管实施入境管制，但仍有游客的病毒检测结果呈阳性，旅游业的崩溃并没有使泰国的公共财政陷入危机。这是因为该国其他经济领域（如制造业以及服务业的其他部分）的强劲表现抵消了旅游业遭受的冲击。菲律宾和柬埔寨等多样化程度较高的其他亚洲经济体也处于类似境地。

但对小岛经济体来说，多样化不是个合适的选项。尤其在这些地方，旅游收入下降加剧了原有的问题。巴哈马是其中之一。由于债务负担不断增加，该国的信用评级在过去10年已经数次被下调。当疫情暴发时，穆迪公司2020年6月再次将该国的信用评级下调两级，并且维持负面展望，可能进一步下调评级。斐济和马尔代夫也面临类似挑战，因为它们的债务不断增加，而且很难为债务进行再融资。

这些极其依赖旅游业的经济体，面对像疫情这样突如其来的风险，是很难抵御的。

2.通货膨胀增加提高旅游业经济成本

旅游业的增长能引起通货膨胀吗？这个问题海南岛的旅游业与通货膨胀之间的关系就可以说明。海南岛的旅游业与通货膨胀之间有长期的均衡关系，格兰杰因果关系检验（格兰杰因果关系检验是一种假设检定的统计方法，检验一组时间序列 x 是否为另一组时间序列 y 的原因）也支持海南旅游业在单方向上会引起通货膨胀，脉冲响应函数的实证结果也清楚地表明海南旅游业的增长对通货膨胀能产生一个正向的推动。地皮价格上升，海南旅游与房地产的捆绑式发展及第二居所的短期居民激增是旅游业推动CPI（居民消费价格指数）增长的主要原因，CPI的增长就造成了旅游经济成本的增加。

3.产品的季节性带来的低投资回报率

旅游产品的季节性同样会带来极高的成本，季节性周期越短，成本就越高，包括旅游目的地的形象成本、旅游地的设施成本、旅游地的服务成本等等，都会随着旅游产品季节周期性的变化而有强烈的波动。盈利和成本不能达到一个平衡的时候，会导致很多问题的出现，想要解决这些问题就会提高成本。

我们还是举例子来说明。位于内蒙古自治区的额济纳胡杨林是全国季节性最强的景区之一，每年只在胡杨节时（9月26日至10月26日）才会开放一个月。每年的胡杨节期间，额济纳胡杨林都吸引着大批游客不惜舟车劳顿前来游览，但胡杨林那令人震撼的金色美景一般来说全年只有在国庆期间的几天才能看到。来早了，树叶没黄，一大片绿色的胡杨林欠缺美感；来晚了，树叶落得差不多了，光秃秃的显得十分萧条。

据统计，额济纳的胡杨和沙漠在每年胡杨节开放的一个月期间，接待游客量达400万人，即便额济纳的住宿涨价到上千元一晚，但仍然是一房难求。因为额济纳胡杨林景区极强的季节性，导致当地旅游产品和服务的经营者在这短短的一个月时间里，不得不通过抬高价格来赚取利润。而高额的设施和服务成本又使旅游经营者们在面对短时间内涌入景区的大批游客时，无法提供保质保量的旅游服务，给游客带来了极差的旅游体验。

（二）旅游基础设施的预先投资经济成本

“十三五”期间，新疆维吾尔自治区发改委累计落实中央预算内投资13.23亿元，支持全疆171个旅游景区项目建设，项目覆盖南疆四地州所有县市及北疆部分县市。仅2018年至2019年，新疆维吾尔自治区就撬动社会资本28.78亿元投入旅游基础设施建设。

同时，为适应当前自治区促进旅游大发展的形势，平衡南北疆旅游项目资金需求，推进全区旅游基础设施总体改善，2018年至2019年，自治区共安排预算内资金1.1亿元，实施了阿勒泰地区喀纳斯景区、博尔塔拉蒙古自治州温泉县圣泉景区等29个旅游基础设施建设项目。如果政府为旅游交通建设一个新机场，政府可能以少建设学校为代价或政府通过增加税收从而减少个人可支配收入。

（三）社会成本导致旅游业的高经济成本

旅游城市，大量的旅客聚集在景区会潜藏一定的安全隐患。如犯罪和疾病增加，游客的增长会引来不同类型的犯罪事件在旅游目的地不间断发生，导致当地犯罪率急剧上升，不但影响目的地居民的平静生活，也会影响游客的旅游体验。游客的增加带来各种交通问题，交通事故频发，交通设施容易受损，再加上目的地景点商贩数量增加，人流拥挤，给当地居民的出行带来极度不便。同时，在旅游旺季，由于许多商品和生活必需品会出现供不应求的状况，导致物价虚高，给当地居民带来生活成本增加、生活质量降低等负面影响。同时，大规模的客流常常会严重超出旅游目的地的承载力，服务设施和服务部门人多拥挤，服务水平直线下降、游客感知效果降低、旅游地形象损害、旅游地社区居民受到不同程度的干扰，当地居民在一些服务部门必须排队等候，社区服务花费也会随之提高。另外，如果当地旅游部门监管能力差，造成旅游企业为了谋求短时间内的暴利，不顾后果，过度商业化，使很多历史、人文旅游资源遭到严重的破坏，甚至不可修复。

（四）国际贸易收支赤字带来的经济成本

国家用增加进口的方式来满足旅游部门道路、食品和相关设备的需求，最终政府负责平衡旅游成本和收益。但是，政府常常忽视旅游对经济的重要作用，这样做把潜在的收益变成成本。拿斐济的例子来说，尽管1997年旅游外汇收入上升了GNP的14.8%，构成1997年出口收入的49%，但在1999年的预算中，新政府减少旅游宣传费用400万。斐济现在面临的危机是，如果旅游宣传费用减少，出口收入将减少，原先由旅游提供的潜在的国税收入也会下降。潜在收入和实际收入的差距只有用两种方法融资，或者减少政府支持，或者增加税收。

二、旅游微观经济成本

旅游微观经济成本是指旅游企业在其经营活动中，对劳动的占用和耗费所产生的成本。

(一)就业的季节性

旅游季节性会给旅游目的地的人员就业带来负面影响，旅游企业很难把握相关行业的服务人员，旺季到来时人手紧缺，旅游企业会雇佣大量的员工，一旦到了淡季，企业往往无法支付数额较大的员工工资，导致很多员工失业。这样不稳定的就业环境还会影响员工的工作情绪，影响服务质量。在季节性特别明显的旅游目的地，一些旅游企业会选择在旺季雇佣一批临时工，或者外包一部分部门事务，使旅游服务质量下降。

(二)旅游微观企业成本的分类

(1)按费用的经济用途分：营业成本、营业费用、管理费用、财务费用；

(2)按成本与业务量的关系分：固定成本、变动成本；

(3)按生产要素分：原材料、调料、配料等费用；

(4)按生产费用计入产品成本的方法分：直接成本、间接成本。

(三)旅游企业利润的核算

旅游企业的总利润不能单纯地看旅游产品或者产业的盈利部分，而是要综合计算，企业利润总额＝营业利润＋投资净收益＋营业外收支净额，其中：营业利润＝营业收入－(营业成本＋营业费用＋管理费用＋财务费用)；投资净收益＝投资收益－投资损失，包括股票、债券和对外投资方面；上面提及的营业外收支净额是除了营业行为以外的收支净额的差额，同样也是需要计算的，营业外收支净额＝营业外收入－营业外支出，包括固定资产盘盈和变卖的净收益、罚款净收入、礼品折价、赔偿金、违约金、捐赠等。

三、旅游经济成本收益评价方法

(一)成本-收益分析方法

在经济学中，成本-收益分析仍然是人们习惯性使用的框架缝隙方法。目前很多专家学者或者旅游项目开发公司和政府已经恢复了研究或使用过这一方法或者是将这一方法应用于旅游开发及其持续效应中。

成本-收益分析过程如下：

(1)确定评估什么，以及谁受到了影响。

(2)界定规划项目的范围和目标及其有形影响。

(3)分析环境、财政、政治、社会和时间限制因素。

(4)考虑用其他分析方法进行评估。

(5)确认和评估收益与成本。

(二)利润率分析法

利润是指企业通过自己的经营活动所带来的效益。由于利润额是个绝对数,不同规模企业间用利润额进行直接比较,难以说明企业经营贡献的大小。因此,要通过利润率指标来分析。利润率是反映一定时期内旅游企业利润与经营收入、经营成本以及资金占用等指标间的相互关系。企业利润率有各种不同形态。

(三)盈亏平衡分析法

盈亏平衡分析法又称为保本点分析法,也称为损益平衡分析法。它是一种被广泛应用的分析方法。通常是在新产品刚刚投入市场时所采用,这种方法的基本要求是在保证企业利润为零时,产品在既定的价格水平下,其销售量应该是多少。或者说,在一定的价格条件下,销售多少产品,才能使企业的收入等于成本,企业既不盈利也不亏损。

(四)边际分析法

边际分析是指每增加一个单位销售量所得到的销售收入扣除单位变动成本后的余额。当销售收入大于变动成本时,边际贡献为正数,说明此产品的销售有边际贡献,可以部分或全部补偿固定成本;当补偿固定成本后还有余额时,则为企业利润。当销售收入等于变动成本时,边际贡献为零,说明企业生产或销售该产品只能补偿变动成本,而对固定成本无法补偿。当销售收入小于变动成本时,边际贡献为负值,说明企业生产和销售该种产品不仅不能补偿固定成本,连变动成本都无法补偿。因此,一般说来,在企业遇到暂时困难时期,只要企业产品销售有边际贡献,企业就可以暂时继续维持生产经营活动,以便在生产经营活动中,寻求降低成本的方法,或等待着市场条件的改善和市场机遇的出现,使企业度过暂时的困难期。

三、旅游企业成本管控的思路和措施

(一)建立产品研发与生产的成本管理制度

旅游企业的首要宗旨是让顾客享受满意的服务,以服务为基础为企业创造利润,而服务对象的调研数据则是研发新产品的基础。所以在旅游产品开发之前应对目标服务对象的特征、服务对象的意见、服务对象的创新想法和服务对象对其他类似企业的看法等进行调查,在旅游产品开发过程中需要非常重视技术人员的论述,提升技术人员在这一环节中的地位,在技术人员中树立成本控制观念,在有效信息的基础上进行科学分析后建立旅游产品研发与生产的成本管理制度,将资金用在刀刃上,避免成本浪费,实现企业利润最大化。异于其他商业产品,旅游产品的一大特点是各种要素高度集成,整个生产过程需要全方位统筹进行,要充分取得技术人员对各种资源有效利用的意见,通盘考虑,如进行环境保护的规范性作业和成本支出,对原材料的采购流程的成本控制和监督，以及优化整合旅游要素等，根据实际情况制定对应的成本管理制度，让成本能得到最优的使用。

（二）提高信息化建设水平，提升生产效率

旅游信息化是将信息技术应用于旅游产业，进行跨界融合，推进旅游生产方式、管理模式、营销模式和消费模式的转变，全面提升旅游产业的质量效益和核心竞争力，更好满足游客个性化服务需求。旅游信息化的内容主要包括企业信息化、营销网络化、系统数据化。企业信息化建设包括信息系统开发、标准体系建设和标准化组织机构。通过建设信息网络和信息系统，重新梳理企业的业务流程，根据业务流程修改企业组织架构，使组织架构能有效匹配信息化水平，只要标准化组织机构能发挥作用，就可以从根本上解决企业信息化的问题，从而发挥信息化后发先至的优势，抢先一步取得竞争优势。旅游企业要通过信息与通信技术串联生产过程中各个环节，充分利用信息技术、网络技术和大数据技术，对旅游资源的生产要素、关联实体、信息资讯进行深度配置、重构、加工、传递和营销，以促进传统旅游向现代旅游的转型，加快旅游业的发展，提高旅游业的生产效率。

（三）推行互联网营销，达成营销效果

旅游互联网营销是借助联机服务网络、通信终端和应用程式来实现旅游营销目标，要以消费者个体为中心，以 Vlog 视频、VR 实景等向消费者全方位介绍旅游产品的特异性，针对不同地理位置、不同群体、不同时间点进行内容方面的自动化和个性化营销，通过统计互联网终端人群的数量、分布和特征进行营销效果反馈。而且互联网的使用门槛低，几乎人人都可以使用互联网，使用者对互联网十分依赖，并且喜欢分享在网络上获取的信息，信息可以在网络上进行几何级传递。旅游企业借助旅游者的旅游体验，通过互联网，以文字、图片、短视频等方式进入传播平台，使得旅游企业的形象直接丰富地呈现在社交网络上。加上互联网的移动性和便利性能最大限度地拓展传播渠道，大大推动了精准受众的体验转化。旅游企业需要积极谋划开展互联网营销活动，使旅游项目能快速裂变传播，让潜在的消费群体了解旅游企业的价值和内涵，从而提高旅游信息与服务的质量，促进企业达到营销目的。

（四）强化职能合并，灵活使用实习生

企业可以通过部门之间职能合并的方式适当减少员工的数量，充分发挥员工的作用，在不影响职责分离、工作效率和服务质量的情况下，让其负责旅游企业内的多项工作，这样可以通过控制员工的数量加强旅游企业对人力资源成本的管控。重组企业内部职能相似的部门，整合不同部门相似岗位的人数，职能相近就实行竞争上岗，从而降低企业的工资开支，对有能力的员工增加收入，最终达到人力成本降低和工作效率提高的双赢效果。旅游企业可以根据外部地理、社会环境和内部需求调整，降低因长期雇佣员工而增加的劳动力成本，充分利用外部劳动力市场，在合理劳动力和控制劳动力成本之间取得平衡。例如，旅游企业可以与周边学校保持联系，说服学校适当调整毕业生的就业计划，让学生以实习生的形

式补充季节性人力资源需求。学生在学校已经掌握了基本技能，可以进行简单的工作，对他们进行适当的培训，提升其服务素质就可以替代长期雇员，这样就能够很好地控制人力成本。

（五）完善成本控制体系，提高成本控制水平

首先，要从上至下地全员贯彻成本控制理念，要求全体员工不放过成本控制在经营中的每一处细节，使成本控制在企业内部能形成积极氛围。其次，旅游企业经营者要树立正确的企业成本控制观念和意识，要立足于市场环境和企业发展战略确立成本管理观念，并根据旅游市场的经济发展和企业自身的特点建立完善的成本控制体系，将控制措施应用到管理的各个方面，并细化成本控制的具体实行。最后，根据成本控制对象的不同，将成本控制分为以责任、产品和质量为中心的控制类型。制定激励约束制度，对职能责任项目、绩效、综合评价、审计、奖惩等进行控制，使各责任中心的成本控制潜力得到充分发挥，推动成本控制工作的有效实施。全面鼓励分工和合作，使员工能发挥所长，相互配合，做到最好。注重整体与局部的关系，使成本控制处于核心位置，节俭开支、控制耗费，从而缩减成本。

综上所述，旅游企业进行成本管控需要根据自身实际情况和具体问题产生的原因综合考虑，如果脱离自身情况，一味追求成本的最低化，只会使企业效益不断下降。把企业成本管控范围局限在过窄的成本管理理念内，已远远不能适应现在市场经济环境的要求，企业应根据自身特点选择适当的管理方式以适应当下形势及发展需求。

关于旅游企业成本管控的研究

随着80后成为旅游消费主力，人们出游目的不再是“打卡”式地到此一游，更多地追求吃、住、玩的体验，旅游业发展前景被看好，很多转型中的企业纷纷投资入场，主题乐园、文化景点、科技馆井喷式地出现在人们旅游目的地清单中。但是这些企业在高速发展的过程中成本管控问题频出，文章将旅游企业在成本管控的过程中可能存在的问题和局限性罗列出来，并有针对性地提出对应的成本控制思路和措施。

随着互联网技术的逐步成熟，在线旅游将逐渐兴起，文旅融合将引领旅游产业再升级。旅游业的蓬勃发展加剧了各旅游企业间的竞争，要想在竞争中占有一席之地，必须通过成本管控来提升经营效益。

一、成本管控是旅游企业工作的重中之重

旅游企业为了能持久地生存和发展，需要不断保持并提升竞争优势，成本管控逐渐成为旅游企业增强自身优势的关键点，成本管控工作也逐渐成为旅游企业管理者工作的重中之重。旅游企业在考虑如何降低成本的同时，还应考虑取得竞争优势、提高资源利用率及增加利润等。加强企业成本管控，可以使企业的直接经营成本下降，从而提高企业的经营效益，使企业处于创收用于创新、创新反哺创收的优质循环中，促进企业的可持续发展，促使企业能在同等成本的基础之上创造更低的价格、占领更大市场、获取更多收益。

旅游企业实施成本管理后，必将加强和优化企业的经营管理。成本管理是一套完整企业管理系统中的核心板块，它是管理系统的基础护城河，可以决定管理系统的管理高度，如何正确运用成本管理是旅游企业经营者值得深思的问题。经过经济和技术的碰撞，产生出现代成本管理，现代成本管理是当下旅游企业管理的核心之一，它突破了局限在生产层面上研究的传统成本管理方法，将成本管理的研究重心转向了企业整体战略这一更广阔的范畴，着重设计、财务、创意和竞争对手等的成本分析，使企业能正确地进行成本预测和管理决策，带动企业选择正确的经营战略，合理地处理企业发展与加强成本管理的关系，从而提高企业的整体经济效益。

二、旅游企业在成本管控中存在的问题和局限性

（一）旅游开发缺乏成本控制观念

旅游开发最重要的一个环节是旅游产品设计，它更是旅游企业的起点。一个成功的旅游产品设计需要定位准确，具备核心吸引力，能满足游客的游玩方式需求，同时产品的投入产出要合理。产品设计不能不计成本投入，控制好旅游产品的设计成本，可以降低运营后开办成本的分摊金额，能有效提高旅游企业的营业利润。旅游产品的产生过程需要经过市场调研、定位与战略、资源评价与挖掘、要素配置与布局等阶段。旅游产品设计主要来自第三方机构或者是品牌授权方，很多设计人员缺乏成本控制的观念，只着重旅游产品的设计结果，不会因地制宜提供性价比高的结果，或会偏执于高端品牌的材料或者进口机器设备，全部采用规定范围内的最高标准，导致整个设计方案采购成本高昂。然而旅游企业由于不熟悉材料和设备的行情，对设计方案的总体成本只能做出大致的判断，且缺乏对耗费的精细复核和咨询，最终导致为达到设计效果投入过高的成本。

（二）信息化建设差，削弱了成本竞争力

在传统旅游产业不断向现代服务业迭代更新的过程中，大部分企业由于缺乏客观的需求分析，缺乏全局性、前瞻性的战略规划，导致信息化建设赶不上当前社会对企业信息化的要求，进而不能适应企业当下自身管理和外部使用者的需求，加重了企业自身和对外的信息沟通成本。信息是沟通旅游供给和旅游需求的重要资源，需求端的具体信息需求或是可预测的需求都需要依靠企业提供的信息化平台进行数据处理和数据预测。越来越同质化的行业竞争使得旅游企业的经营难度不断提升，如何通过差异化竞争脱颖而出并创造新的利润是各旅游企业迫在眉睫的问题，信息化建设的差异性就是各旅游企业可提升空间的差异。目前，大部分旅游企业的信息化程度都不高。信息化建设差会限制企业无纸化办公和数据化管理，不能摆脱传统业务流造成的时空制约，不能通过数据管理快速响应决策需求，致使中间环节费用不能下降，人力成本不能缩减，又无法提升企业内部的工作效率和决策成果，使经营效益大打折扣。

（三）推广成本高，营销策略难见成效

旅游宣传形式多种多样，但由于旅游产品逐渐显现出同质化，营销模式也走向相似化，市场推广的思维模式大多还是采用旅行社渠道宣传、电视和电台广播宣传、平面媒体广告宣传等，这些推广方式成本高且无针对性，使推广难见成效，而且宣传手法枯燥无味，只是从表面上描述旅游产品的特点，无法突出自身产品的特异性，无法引起消费者的兴趣，毫无竞争价值可

言。很多旅游企业不熟悉旅游产品策略、旅游价格策略、旅游销售渠道策略，没有分析目标消费群体的需求就按过往经验去进行推广和促销，营销计划和策略还是停留在点对点的阶段，这样泛泛推广使得企业的推广成本不断堆高，既没有与时俱进地进行营销策略设计，也没用从目标客户群体、时间和空间维度去考虑定价策略，更没有去预测或者印证当下营销方法带来的实际效果，当超越临界点后成本增加却难见成果，加重了企业的成本负担，使企业的竞争力不断下滑。

（四）提升服务质量对人力成本控制提出了挑战

服务是旅游产品最重要也是最直观的部分，服务质量的高低直接影响企业的效益，优质的服务就是旅游企业的门面和核心竞争力。服务人员的职业素质保证服务质量的下限，他们掌握的服务技能是服务质量的天花板，所以旅游企业确保员工的入职素质门槛和对员工进行技能培训是关键，但是这两项举措都会增加旅游企业的人力成本，企业管理者往往会因为无法量化而忽视提升服务质量带来的收益，只会着重于这些投入的具体成本增加额，忽略了人力成本的投入效益比。旅游企业内的人员离职率比较高，员工流动频繁，这会使旅游企业人力资源成本比其他行业高，但是能确保输出优质服务都是具备较高能力的员工，而企业内部由于招聘设置的门槛较低导致入职的员工良莠不齐，为了留住优秀的员工企业就要支付较高的薪资，或者高薪聘请一些专业人才来确保高质量的服务水平，这些需求都对旅游企业的人力成本管控提出了比较高的要求。

（五）成本控制体系不健全，成本管理不到位

旅游企业往往会将节约作为目标，忽略市场经济的发展需求以及成本管控的目标及方法，对传统成本控制方法的改革和创新不足，还停留在仅用财务处理方法进行成本控制，信息基本由成本会计系统提供，由财务人员控制成本，熟知成本支出的一线人员不能从根本上进行成本控制。而且由于财务信息长期不变，使得成本控制只是浮于形式，不能达到降本提效的目的，也和当下成本控制所需要的信息获取、研究、分析、交流等管理状况存在很大的差别。而且大多数旅游企业出于资金成本的考虑，首先会削减聘用高素质管理人才的成本支出，致使成本管理现状还是处于比较低下的水平，经常出现成本管控措施与成本决策错位，成本管控与企业发展战略脱节，企业经营者经常被当前短期经济利益蒙蔽，忽视追求短期利益对企业将来的影响，导致企业发展结果事与愿违，将企业暴露在本可避免的生存压力前。

思考题

1. 请简述旅游宏观经济收益与旅游微观经济收益的关系。

2. 请简述季节性因素对旅游产生的负面影响，并列举出国内旅游目的地为了对抗旅游淡季而推出的淡季旅游营销举措。

3. 请结合本章内容，讨论一下在疫情常态化的后疫情时代，旅游业的复苏和发展需要建立哪些新的认识和理念。

4. 请简要概括影响旅游经济收益的外部因素和内部因素。

5. 请简要概括提高旅游微观经济收益和旅游宏观经济收益的主要途径。

第五章 旅游对社会经济的影响

第一节 旅游对社会经济影响的因素

旅游，尤其是现代意义上的旅游，总是表现为与经济因素之间深刻的依存关系。旅游活动从本质上而言，是旅游者为了满足自身需求而产生的活动，并不是以经济活动为目的，但却以经济活动为主要基础。旅游者在旅游活动过程中的吃、住、行、游、购、娱等多方面的需求都离不开经济支出，而旅游地通过接待游客所获得的也主要是经济上的收入。针对旅游经济现象的学术研究最早可追溯到1899年意大利政府统计局鲍德奥发表的《在意大利的外国人的移动及消费的金钱》一文，可见，旅游研究一开始就与功利性的经济目的相联系。旅游是一项综合性非常强的经济和社会文化活动，具有高度的产业关联性。发展旅游业对于国民经济有着深刻影响，然而旅游对于地方经济的影响也是一把双刃剑，既有有利影响，也有潜在风险。旅游利益相关者及研究学者早已关注这种影响，并试图通过发展旅游业来带动地方经济的发展。

一、旅游对社会经济影响的研究历程

第一阶段：早期的旅游对社会经济影响研究始于20世纪20年代的欧洲大陆。1923年，意大利学者尼塞福罗发表了《外国人在意大利的流动》一文，从统计角度对旅游的经济影响进行了调查，标志着旅游对社会经济影响研究的开端。在这一时期，对于旅游对社会经济影响的研究只是对社会经济解读的副产品，参与研究的学者也是凤毛麟角。1935年，德国学者葛留克斯曼出版《旅游总论》，论及旅游经济及社会现象，提出从多学科角度去研究旅游现象。

第二阶段："二战"后到20世纪60年代，一方面，各国希望旅游能振兴地方经济，对于旅游业的支持和重视程度显著提升；另一方面，随着经济的发展、技术进步与生活福利的提升，人民生活水平大幅提高，拥有了更多可自由支配的收入以及闲暇时间，大众旅游迅速发展。在这一时期涌现出大量的旅游经济研究，并带有一定的情感倾向性，多将视野集中在证明影响，为旅游发展歌功颂德。

第三阶段：20世纪60年代至今，随着旅游活动的飞速发展，各利益方急功近利的举措导致了旅游发展负面效应的涌现，这一时期旅游批判的呼声从各个领域响起，对于旅游引发的经济问题的思考也更趋理性。

二、旅游对社会经济产生影响的相关因素

旅游对社会经济的影响主要涉及外汇收支、旅游目的地居民收入和分配、旅游目的地就业模式、旅游收益分配、所有权及其控制、经济发展以及政府收入等问题。而旅游对社会经济所产生的这些影响，在各个国家或地区会表现出极大的差异，这主要是由于多种复杂因素的综合影响。这些因素包括：

（一）旅游目的地的经济发展水平

旅游目的地所处的经济发展阶段意味着该目的地满足游客多重需求能力的大小。处于起步阶段的旅游目的地各种功能设施较少，能为游客提供的服务项目有限，因此，游客在该目的地的消费支出水平就可能很低，从而对当地社会经济的影响也就相对有限。但如果该旅游目的地相对成熟且能为游客提供多种综合服务，那么游客在这样的目的地花费就会多出很多。

（二）旅游设施的性质及其吸引力

旅游设施的性质有助于决定游客的支付水平。按照瑞安的说法，在一般情况下，支付在农家旅馆中的一英镑比起支付在大饭店中的一英镑，会有更大一部分滞留于当地。因为经营农家旅馆的农民或其配偶很可能会用游客支付给他们的钱在当地购买他们生活所需的物品和服务。相反，住在大饭店里的游客很可能要为住宿花费更多的钱。尽管游客在饭店所支付的钱仅有一少部分会流入当地经济，但这毕竟是游客在当地所花费的一大笔支出中的一小部分。所以，从严格的收益角度来讲，当地经济所能从饭店获得的要远比从农家旅馆获得的多。

（三）外国人对旅游设施的拥有程度

如果旅游目的地的众多旅游企业或旅游设施中有相当数量是为外国人所有，那么就会发生收益或外汇的漏损。最简单的理解就是，在轰轰烈烈的旅游旺季之后，旅游目的地旅游企业或设施的外国老板将丰厚的旅游收入利润带回自己的国家，而该旅游目的地却没能从旅游发展中获得应有的收益。

（四）对非本土劳动力的雇佣情况

如果旅游企业中大量雇佣外国或非本土劳动力，尤其是高层管理人员，那么通过旅游业所赚取的经济收益就会随着非本土劳动力流出本地经济。这种情况在发展中国家旅游业发展的早期尤为普遍且严重。

（五）政府在基础设施方面的投入

在旅游目的地，除了各种企业对饭店、餐馆、酒吧以及娱乐设施的投资之外，政府也必须提供一系列基础设施和公共设施建设，以改进旅游目的地的可进入性，如道路、停车场、垃圾处理场、医疗设施等。这种投入的多寡，对旅游的社会经济影响产生着深远的效应。

(六)游客的数量和质量

上述所列的因素全部属于供给方面,它们构成了为游客提供服务所产生的经济方面的流动。但旅游者本身的数量和质量同样不可忽视。一般来说,游客越多、游客人均花费水平越高,其对经济的影响就越大。但是,如果游客所需要的产品或服务无法从当地获得,那就会有一大笔旅游经济收入因此而损失掉了。

延展阅读

影响上海市入境旅游的非经济因素

入境旅游可以看作服务贸易的一种,服务贸易本身具有复杂性,除了受到经济因素的影响之外,还受到其他因素的影响,即受到非经济因素的影响。因此可以推断,上海市入境旅游产业会受到一系列非经济因素的影响,就需要对影响上海市入境旅游的非经济因素进行研究。其主要影响因素如下:

一、客源地人口

从入境旅游的定义来看,旅游活动中人的角色是必不可少的。客源地一定的人口规模是确保旅游客源地居民到上海旅游规模的必要前提。大的趋势是人口众多的国家,出境旅游的消费者人数会相对较多、潜力较大,这样的国家会导致上海入境旅游的消费需求得到刺激,吸引更多的境外居民入沪旅游。上海市入境旅游消费者中某一国家人数有很大可能与这个国家的总人口呈现正向关系。

二、上海市旅游接待能力

入境旅游是服务贸易的重要组成部分,从服务贸易的角度看,服务能力是重要的因素。而入境旅游中的服务能力的重要表现形式之一就是旅游接待能力。如果上海市的旅游接待能力能够有很大的提升,那么上海市就会有更多的入境旅游消费者。上海市作为我国经济最为发达的城市之一,旅游业的发展举足轻重,而入境旅游是其发展的重要一环,旅游行业的接待能力是其发展的重要方向。改革开放以来,上海市的入境旅游由小到大,由弱到强,上海市的旅游接待能力已经达到全国一流水平,其接待能力正在向着世界一流水平迈进。

三、节事活动

节事旅游不同于其他旅游活动,需要满足四个条件。第一,政府举办;第二媒体关注;第三,公众参与;第四,有特定主题。其影响分为对举办地的影响与对非举办地的影响。节事活动具有阶段性,一般分为三个阶段:第一,筹备阶段。以基础设施投资拉动为主,对相关行业有重大推动作用。第二,举办阶段。基础设施投资带动转变为消费带动。第三,后节事阶段。一方面,需求减少百业萧条;另一方面,城市软硬实力增加促进经济发展。节事旅游对举办地有正效应和负效应。举办节事活动,在不同的阶段,对举办地和非举办地具有不同的影响。另外,旅游需要非常安定的环境作为前提,一旦旅游目的地发生重大暴力、安全事件,出于对安全的考虑,大量的游客会改变旅行计划,前往其他地区旅行,并且这种事件的阴影对游客来说是长期的。当危机发生时，旅游目的地可能对入境旅游采取限制措施，阻止境外游客的进入。这将会对上海市入境旅游的发展带来重大影响。其次，分析客源国发生的危机对旅游的影响。客源国发生危机后，导致社会不稳定，对经济造成冲击，人们的收入减少，导致上海市入境旅游产业受到影响。危机事件是分析上海市入境旅游的重要切入点。

上海市是我国经济最为发达的城市之一，各行各业都发展迅速，旅游业的发展也不例外，虽然上海不像很多历史文化名城一样，拥有深厚的历史文化资源，但是上海作为中国先进城市的代表，作为世界大都市之一，具有独一无二的旅游资源。随着全球旅游的持续稳定发展，中国旅游规模必将达到空前水平，而上海市作为中国旅游的龙头城市，旅游业发展更是迅速。

第二节　旅游对社会经济影响的表现

旅游会给不同的国家或地区带来不同的收益，这一般要看各国家或地区的经济发展水平、经济结构状态和区位特征。从国家的角度看，发展中国家与发达国家相比，由于经济基础薄弱、国民收入水平低、失业和待业程度高，为了谋求经济的发展，对外汇有大量的需求，但限于生产水平和能力，所需外汇主要依赖于原材料或初级产品的出口来获得，用以推动经济的发展，实现国民经济从传统的农业经济向现代的工业经济转化。因此，不少国家把发展旅游业作为推动本国经济发展的重要手段。在中国，自从 20 世纪 70 年代末开始发展旅游业以来，就一直把旅游业发展作为带动本国经济发展的重要产业部门来对待，实行适度超前政策。在世界不少国家都能找到类似的发展典型。而在发展尺度上，有更多的国家把旅游业作为地区的支柱产业来发展。当然，如果一国国民经济对旅游业的依赖程度过高，也会削弱该国的经济基础，并使其在动荡的世界政局之中难以支持。由此看来，旅游发展会影响本地区的经济发展和经济结构。

在马西森与沃尔的著作《旅游的经济、环境和社会效应》一书中曾指出，旅游对社会经济的影响主要集中在旅游对国际收支平衡的影响、旅游对劳动就业的影响、旅游对政府财政收支的影响以及旅游对国家或地区产业结构调整的作用等方面。

一、旅游对社会经济的积极影响

（一）旅游对平衡国际收支的贡献

一个国家出现持续的国际收支顺差或逆差都是国际收支失衡的表现，对国家的经济发展十分不利。而旅游则对平衡国际收支有很大贡献，在赚取外汇方面有着明显优势。无论是发展中国家还是发达国家，发展旅游业的一个重要目标就是赚取外汇，平衡国际收支，改善在国际贸易中所处的不利地位。这一点对于发展中国家来说更是如此。在发展中国家，外汇缺乏是制约国民经济发展的一个重要障碍，而发展中国家单纯依靠传统的出口初级产品的途径所能赚取的外汇不仅数量有限，而且代价高昂，还要承受进口国的种种关税和壁垒，因此往往不能满足国家发展经济的需要。

与此相比，旅游业在赚取外汇方面较其他初级出口产业具有许多优势。主要表现在：首先，旅游目的地向游客提供的是不需要运输到国外的观光体验和旅游服务产品，而不是传统出口产业的实体产品，这就决定了其在价值构成、资源消耗结构、运输成本以及贸易条件方面的巨大优势。一般不受贸易壁垒和出口额度限制，也没有商品贸易的运输成本、仓储费用等支出。其次，旅游的产品和服务的价格建立在一定的国家垄断的基础上，对于旅游产品和服务具有一定的垄断优势，因此，国际的竞争在一定程度上被弱化，旅游目的地具有较大的价格自主权。第三，游客一般是即时付款消费，相比传统贸易出口资金回笼的长周期性、间歇性，旅游业所赚取的外汇收入多为现汇收入，结算及时，资金回笼快，风险较小。

（二）旅游对劳动就业的帮扶

随着科技的不断进步，制造业等高科技化的产业对初级劳动力的需求日益减少，造成了大量的剩余劳动力。而服务业作为以人为本、需大量手工操作的第三产业恰好对劳动力有较大的吸纳能力，能提供大量的就业机会。一般认为，旅游业是一项劳动密集型产业，是服务业的重要组成部分，其发展涉及众多部门的共同配合。它所吸纳的就业人口，包括直接任职于旅游企业的劳动人员和间接为游客或旅游企业服务的劳动人员，不仅可以直接产生服务于住宿、交通、餐饮等部门的就业机会，还可以产生与之相关的间接就业机会。因此，包含大量服务性质工作的旅游业对于解决社会面临的失业问题具有重要意义。旅游业的就业岗位具有层次众多、就业门槛相对较低、可操作性较强等特点，工作人员大多是与顾客直接交流并提供服务，经过简单的培训后即可上岗，不涉及过多的技术层面，因而旅游业能为社会增加更多的就业机会。

一般直接就业人数比较容易统计，而间接就业人数却需要做专门的调查研究。前者是由于游客的直接消费而产生的，即指各种旅游企业中的就业人数，包括各种接待设施、商店、旅馆、酒吧、夜总会、运输及有关管理部门在内的就业。中国在 1997 年，直接从事国际旅游业的从业人员数量就已达 140 多万人。根据世界旅游及旅行理事会的统计，2015 年由旅游业直接产生的就业岗位超过 1.07 亿个，其中包括酒店、旅行社、航空公司等其他旅客服务的就业机会，还包括餐饮业和休闲产业等直接由旅游者支持的产业。在职人口中，每 10 人就有 1 人从事旅游业，旅游业在职总人数超过 2.84 亿，为全球 GDP 做出的贡献超过 7.2 万亿美元（折合人民币 51.7 万亿）。按照每 10 年 2.1％的增长速度计算，到 2026 年，全球旅游业将产生 1.36 亿个就业岗位。旅游所引发的间接就业一般多发生在建筑业、渔业、制造业、轻工食品和商业服务等行业。一个国家或地区的旅游业越发达，这些相关产业与旅游业的关系越紧密，由此推断，旅游业所产生的间接就业人数就越多。但是，在另一方面，旅游就业明显的季节性特点也使在这一行业中的就业人员处于很不平衡的状态。因此，总的看来，旅游发展会解决大量就业人口，同时也会改变就业结构。

（三）旅游对增加政府税收贡献突出

税收是国家提供公共产品的资金来源。国家旅游税收目前主要来自两个方面：一是来源于国际旅游者，主要包括入境签证费、出入境商品海关税、机场税和执照税等；二是来自旅游业的各类相关营业部门，包括企业的营业税和所得税等。表 5-1 为 2017—2021 上半年我国国内旅游情况。

表 5-1　2017—2021 上半年我国国内旅游情况

年份	国内游客/亿人次			旅游总花费/万亿元			人均花费/元		
	总数	城镇居民	农村居民	总计	城镇居民	农村居民	总计	城镇居民	农村居民
2017	50.01	36.77	13.24	4.57	3.77	0.8	913.82	1024.6	604.23
2018	55.39	41.19	14.20	5.13	4.26	0.87	925.8	1034.23	612.68
2019	60.06	44.71	15.35	5.72	4.75	0.97	954.05	1062.4	631.92
2020	28.79	20.65	8.14	2.23	1.8	0.43	774.14	870.25	530.47
2021(上)	18.71	13.08	5.63	1.63	1.29	0.34	872.27	986.20	607.57

（四）旅游对相关产业的带动

按照发达国家的经验，旅游业与公共事业的比例是 1∶5，即旅游业投入 1 元，相应的配套设施要投入 5 元。世界旅游组织统计分析认为，旅游业与相关产业的投资带动作用之比是 1∶7。旅游业是一个涉及衣、食、住、行等多方面的综合性产业，具有较强的带动关联功能，对相关产业有着或直接或间接的带动。一方面，旅游业自身的发展需要物质作为基础，可以促进建筑业、通信业等多个行业的发展。另一方面，旅游活动的开展又基于交通、食宿、信息咨询等行业的支撑，从而带动以饭店为代表的住宿业，以火车、汽车为代表的交通业，而饭店的增加、发展又会带动其背后的农牧业、工业、建筑业、食品加工业的发展。旅游业发展至今，已经成为推动相关行业快速发展的强大引擎。据统计，旅游消费对住宿业的贡献率超过 90%，对民航和铁路客运业贡献率超过 80%，对文化娱乐业的贡献率超过 50%，对餐饮业和商品零售业的贡献率超过 40%。我国随着“旅游＋”战略的提出，旅游业也已成为各大产业创新发展的成果平台，如工业、农业及文化创意、影视娱乐、会展博览等新型现代服务业等，通过与旅游业的融合发展实现了转型升级，从而形成新的盈利点。例如，乡村旅游的蓬勃发展，不仅为乡村带来了新的活力，也为乡村农产品增加了附加值，通过加工使原本单一的农产品转变为富有特色的旅游产品，促进了第一、第二、第三产业的高度融合，也为当地提供了更多的收入途径。再比如近年来逐渐火热起来的体育旅游，则是带动了旅游装备制造业、户外用品制造业的快速升级发展。

旅游业及其关联产业的具体情况如表 5-2 所示。

表 5－2 旅游关联产业

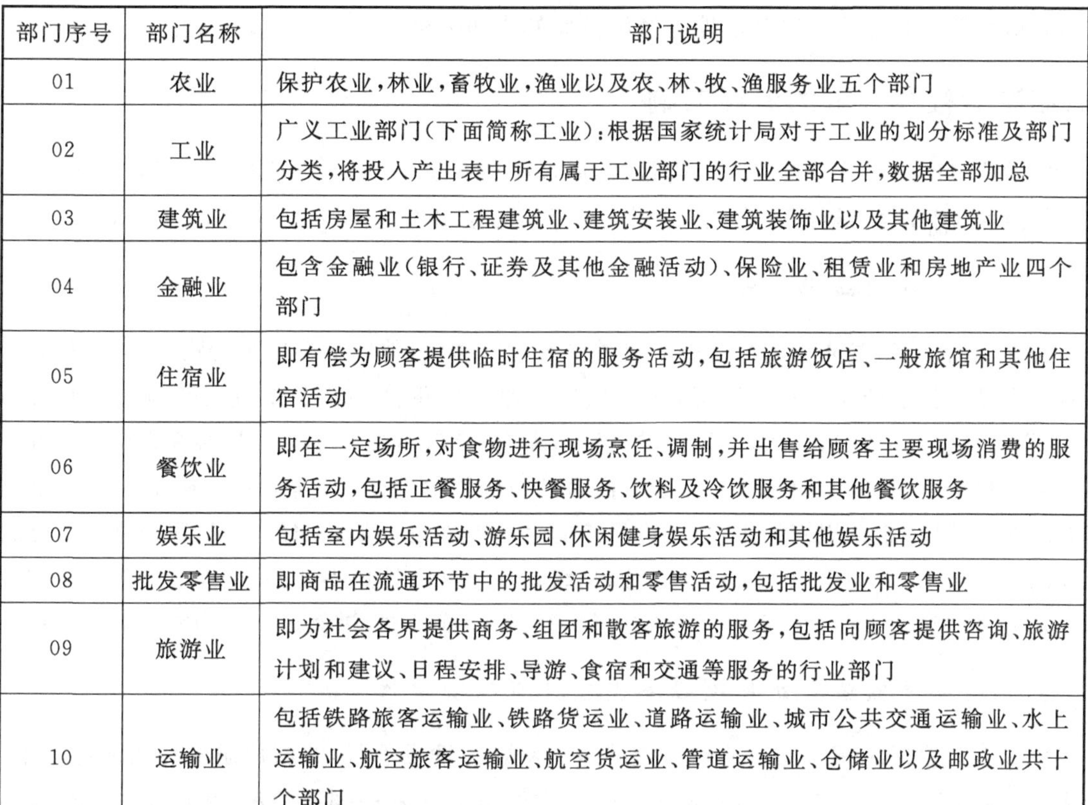

部门序号	部门名称	部门说明
01	农业	保护农业，林业，畜牧业，渔业以及农、林、牧、渔服务业五个部门
02	工业	广义工业部门(下面简称工业)：根据国家统计局对于工业的划分标准及部门分类，将投入产出表中所有属于工业部门的行业全部合并，数据全部加总
03	建筑业	包括房屋和土木工程建筑业、建筑安装业、建筑装饰业以及其他建筑业
04	金融业	包含金融业(银行、证券及其他金融活动)、保险业、租赁业和房地产业四个部门
05	住宿业	即有偿为顾客提供临时住宿的服务活动，包括旅游饭店、一般旅馆和其他住宿活动
06	餐饮业	即在一定场所，对食物进行现场烹饪、调制，并出售给顾客主要现场消费的服务活动，包括正餐服务、快餐服务、饮料及冷饮服务和其他餐饮服务
07	娱乐业	包括室内娱乐活动、游乐园、休闲健身娱乐活动和其他娱乐活动
08	批发零售业	即商品在流通环节中的批发活动和零售活动，包括批发业和零售业
09	旅游业	即为社会各界提供商务、组团和散客旅游的服务，包括向顾客提供咨询、旅游计划和建议、日程安排、导游、食宿和交通等服务的行业部门
10	运输业	包括铁路旅客运输业、铁路货运业、道路运输业、城市公共交通运输业、水上运输业、航空旅客运输业、航空货运业、管道运输业、仓储业以及邮政业共十个部门
11	其他服务业	包括第三产业中除去上述已划分出去的行业之后的全部服务业部门

(五)旅游对贫困地区脱贫致富的促进

贫困是全球普遍存在的现象，又是威胁人类生存与发展的巨大难题。反贫困一直是全人类需要共同面对的重要议题。从大范围来看，贫困地区往往是地理位置较为偏远、交通较为闭塞、教育水平较为低下的区域，但同时又由于外界的较少干预而保留了较丰富的旅游资源。以我国西部贫困地区为例，大量民族、民俗旅游资源及丰富奇特的自然旅游资源聚集于此。英国国际发展局为解决贫困问题，最早就明确提出通过开发旅游资源丰富的贫困地区，解决贫困人口的 PPT(pro-poor tourism，扶贫旅游)战略。

旅游的融入可以为贫困地区提供生活多样化的选择，让居民能够参与旅游发展，有了将资源禀赋变为资本、增加经济收入的途径。吸引相对发达地区的人们前来旅游和消费，可以使旅游资源产生效益，使旅游产品的生产、交换、消费在贫困地区同时发生，逐步实现部分财富、经验、技术和产业的转移，同时也可带动当地配套旅游发展的基础设施建设，优化当地居民的生活水平，增加贫困地区的造血功能。发展旅游业可以为旅游目的地注入外来的经济力量，扩大收入的同时还带来了国内财产的移动和再分配，使财产从客源地区流向旅游接待区，从而促进旅游接待地区的经济发展。旅游业的发展可以使原本默默无闻的偏远落后地区一跃成名，随之会吸引大量投资与人才的注入，扩大对外交往，从而改变地区面貌。福建武夷山、北京延庆、山东潍坊等都是旅游业发展带动地区经济发展的成功案例。

二、旅游对社会经济的消极影响

旅游业虽然对经济发展具有显著效益，但也需理性发展，一味追求旅游发展规模或是过度依赖旅游业，同样也会给国家或地区带来一些消极的影响。主要表现为以下几方面。

（一）可能引发区域性物价攀升

首先，游客的消费能力通常会高于旅游目的地的居民，他们能够出高价购买以吃、住、行及旅游纪念品为代表的各种物质商品，对区域经济原有的供需平衡关系造成暂时的、剧烈的冲击，从而出现供不应求的局面，引发区域性物价攀升。其次，在经常有大量游客来访的情况下，旅游常态化消费、重复性消费难免引起旅游目的地的物价整体、持续上涨。最后，从长远看，随着旅游业的发展，旅游规模的扩大，相应所需的基础设施也会随之增加，如住宿设施等，导致对土地的需求增加，带动土地价格迅速上涨，从级差地租和土地成本开始，逐渐影响到当地居民、商户及外来游客的生活、经营成本，影响到他们的生计或消费，进而产生更为综合的消极影响。

（二）过分依赖旅游业导致经济发展存在不确定性

世界上许多国家都将旅游业作为推动经济发展的重要手段，并将旅游业作为支柱产业进行大力发展，但几乎没有一个发达国家完全依靠旅游业来发展国家经济，往往是人口较少、经济较为落后的国家或地区高度依赖旅游业。这是由于旅游业是一项不稳定的出口产业，容易受到内外部多种因素的影响，过分依赖旅游业的区域经济发展存在较大的不确定性。

首先，就旅游业本身而言，其核心要素旅游资源，尤其是自然旅游资源，大多具有明显的季节性，因此，旅游市场容易受到影响而产生淡旺季差异。虽然目前各国都在一定程度上对解决旅游季节性问题做出了努力，尽力挖掘淡季中旅游目的地新的吸引点，但始终无法避免旅游收入的下降以及资源设施浪费的现实。旅游活动的季节性还会导致旅游生产和就业的季节性波动。旅游业在旺季可以带动很多的就业岗位、创造极高的收入，但在旅游淡季时，同样会导致大量的劳动力闲置，因此，旅游业的季节性波动有可能使劳动力供求关系变得更为敏感和脆弱。如果一个国家或地区将旅游业作为支柱产业，其不可避免地在淡季遇到严重的事业问题，从而会导致经济的下滑和社会的不稳定。

其次，旅游活动受制于客源市场，这一因素是旅游目的地所不能控制的。旅游需求在很大程度上取决于客源地居民的收入水平、闲暇时间和有关旅游的流行时尚，而这些都是旅游目的地所不能控制的。如果客源地出现经济不景气，其旅游的需求势必会下降。另外，一旦客源地居民对某些旅游目的地的兴趣爱好发生转移，会直接影响旅游目的地的市场。

第三，旅游业的发展还容易受到外部不可控因素的干扰，如经济环境、疾病暴发、汇率波动、地缘政治、环境质量、国际关系、自然灾害等。例如，2013 年受雾霾影响，北京市共接待入境游客 450.1 万人，旅游外汇收入 343.72 亿元，二者分别较同比减少了 10.1%和 6.9%。又如，2017 年，因韩国同意美国在该国境内部署萨德反导系统，我国赴韩游客流量锐减，同年 10 月韩国旅游收入赤字达 16.7 亿美元(折合人民币 119.71 亿元)，创韩国旅游收支赤字史第二高纪录。再比如，2019 年底新冠疫情的暴发，使世界各国旅游业统一遭到重创。2020 年中国经济年报统计中，根据国内旅游抽样调查结果显示，受新冠疫情影响，2020 年度国内旅游人数 28.79 亿人次，比上年同期减少 30.22 亿人次，下降 52.1%；国内旅游收入 2.23 万亿元，比上年同期减少 3.50 万亿元，下降 61.1%。

(三)影响产业结构的合理发展

旅游的发展会使当地从事服务业的就业人数剧增，而从事旅游服务的收入如果高于从事农业生产的收入，大量的农村劳动力会放弃农耕而从事旅游业活动。这种现象会导致产业结构的不正常变化，例如，一方面旅游业的发展扩大了当地对农副产品的需求，而另一方面因为劳动力的转移，使得农副产品的产出能力下降，更有甚者会造成大片田地的荒芜。当地居民失去了赖以生存的基本生产方式，一旦危机袭来，就会产生社会问题，还可能会影响到社会的安定。

旅游业对社会经济的影响既有利又有弊，这要求我们在看待旅游发展时应保持客观、理性的态度。对应当开发和优先开发的地区大力支持和扶植，对于不宜发展旅游业的地区则应加以限制，只有这样才能满足经济发展的需要，实现旅游和经济的良性互动发展。

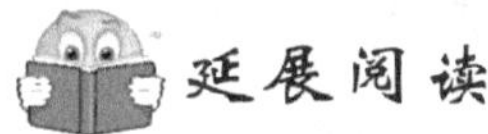

上海市信息中心发布《上海迪士尼项目对经济社会发展带动效应评估》报告

2017 年，上海市信息中心发布了《上海迪士尼项目对经济社会发展带动效应评估》报告，就上海迪士尼项目截至开幕一周年对全市经济发展、产业转型升级、区域发展、社会带动、创新实践等方面的带动效应进行了专项评估。

评估报告显示，迪士尼乐园开园首年(2016 年 6 月 16 日至 2017 年 6 月 15 日)游客接待数超过 1100 万人次。2011—2016 年建设期间，项目固定资产投资对上海全市 GDP 年均拉动 0.44%，年均拉动新增就业 6.26 万人次。

受上海迪士尼项目开园的带动影响，2016 年上海全市旅游产业增加值比重增加，实现旅游业增加值 1689.7 亿元，占 GDP 比重上升至 6.2%，旅游业增加值同比增长 6.9%，高于 2011—2015 年的 2.1%，平均增速 4.8 个百分点。

上海迪士尼项目对全市旅游接待总人次和旅游总收入带动显著：从接待人次看，2016 年，全市共接待旅游人次为 3.05 亿人次，同比增长 7.42%，高于 2011—2015 年平均增速 4.38 个百分点。尤其是在法定节日期间，上海旅游接待人次增长显著，同比增幅也远高于往年。其中，2016 年国庆节，上海迪士尼乐园游客对全市新增游客贡献为 60.6%，2017 年春节，乐园游客对全市新增游客贡献为 90%。从旅游收入看，2016 年，全市实现旅游总收入为 3820 亿元，同比增长 9%，高于 2011—2015 年平均增幅 4.5 个百分点。国庆和春节黄金周，全市旅游收入比往年的平均增速分别提高了 7.1 和 12 个百分点。

此外，上海迪士尼项目的开幕也带动上海本土知名景点游客的上升，比如，东方明珠接待人数显著增加，高达465.86万人次，比2015年增加了67.49万人次，同比增长为16.9%。上海旅游目的地效应初现，城市旅游功能完善效果显现。

延展阅读

推动旅游与帮扶共同发展——乌镇旅游带动就地就近就业

近年来，浙江桐乡因地制宜开发运营乌镇旅游，为当地农民创造更多就地就近就业机会，探索形成了可复制可推广的经验做法。目前，乌镇年接待游客超1000万人次，旅游总收入超20亿元，直接和间接带动就业超过5万人。

桐乡在开发运营乌镇旅游中，创新推动旅游与帮扶共同发展模式，在开发运营乌镇旅游中优先吸纳当地农民就地就近就业。乌镇东栅、西栅以及乌村三大景区，直接吸纳各类就业人员超过5500人，其中80%来自乌镇本地及周边湖州练市和江苏桃源两镇。乌村的农业从业者，基本都为该村的原住农民。

除了吸纳当地农民就地就近就业外，乌镇在景区运营上也走出了一条特色化之路，让乌镇发展持续“保鲜”。乌镇实施“镇区景区化，景区全域化，全域智慧化”工程，对景区基础设施进行大范围提升，累计投入各类建设资金约80亿元，在全国景区首创和成功运作了“管线地埋”“改厕工程”“清淤工程”“泛光工程”“智能化管理”等高标准建设保护模式，实现了城镇功能和水乡风情的完美融合。

现代化基础设施建设也为乌镇旅游的发展提供了保障，景区基本实现5G信号全覆盖，互联网医院、腾讯无人书店等落地生根，“乌镇管家”实现线上线下常态化长效管控。

不仅如此，乌镇在旅游开发运营中融入文化元素，让乌镇旅游更具深度、更有底蕴，彰显出独特的魅力。

2013年，乌镇举办了首届戏剧节，将戏剧表演与古镇风貌融合，乌镇的影响力延伸至文化、娱乐市场。另外，乌镇还引进聚橙乌镇音乐剧基地等文旅项目，举办戏剧集市、香市等群众文化活动。同时，乌镇作为省级红色旅游教育基地，依托茅盾纪念馆、王会悟纪念馆等红色旅游资源，开发“红色+绿色”“红色+乡村”等旅游产品，持续带动红色旅游热潮。

目前，桐乡这一典型经验做法也在其他地方推广应用。乌镇在贵州省遵义市打造的乌江村，为当地农民提供旅游产业链的各种工作岗位，同时为外出务工人员返乡就业创业创造机会，预计运营后可直接解决2000人以上就业，间接带动8000余人就业。

第三节　旅游对社会经济影响的评价

一、乘数效应

（一）乘数效应定义

在旅游对社会经济的影响研究中被经常提到的一种理论就是乘数理论，该理论最早由英国经济学家卡恩于1931年提出，后经凯恩斯进一步完善。乘数主要指经济活动中某一变量与其引起的其他经济变量以及经济总量变化的比率。美国经济学家格林沃尔德将其解释为“公共支出或私人资本投资增长对收入所产生的放大效应或连锁反应”。所谓“乘数效应”是指一个变量的变化导致相关变量呈乘数(或几何)级数的变化。在经济活动中，之所以会产生乘数效应，是因为国民经济的各个行业是相互关联、相互促进的。例如，在某部门注入一笔投资，不仅会增加该部门的收入，而且会在各相关部门引起连锁反应，最终产生数倍于投资额的国民收入。据世界旅游组织的资料表明，旅游业直接收入增加1元，相关行业的收入可增加4.3元；我国测算旅游业收入增加1元，国民经济总产值可增加3.12元，旅游业增收1元，第三产业增收10.7元，可谓“一业兴、百业旺”。旅游业的发展，调整和优化了产业结构，使三大产业的比例关系更适合现代发展的要求。

(二)乘数效应类型

旅游乘数是用以测定单位旅游消费对旅游目的地各种经济现象的影响的程度系数。学者在旅游研究中经常使用的旅游乘数类型有四种：

(1)营业额或营业收入乘数。这一乘数用以测定单位旅游消费对旅游目的地经济活动的影响，表示的是单位旅游消费额同由其所带来的旅游目的地全部有关企业营业收入增长量之间的比例关系。

(2)产出乘数。它同营业收入乘数非常类似，但所测定的是单位旅游消费同由其所带来的旅游目的地全部有关企业经济产出增长程度之间的比例关系。

(3)收入乘数。它表示的是单位旅游消费同其所带来的旅游目的地净收入变化量之间的比例关系。

(4)就业乘数。这一乘数有两种用法：一是表示某一特定数量的旅游消费所创造的就业人数；二是表示由某一特定数量的旅游消费所带来的直接就业人数与继发就业人数之和同直接就业人数之比。

(三)影响旅游乘数效应的因素

(1)注入与漏损。注入包括投资、出口和政府支出。首先，投资本身就是创造就业机会和增加收入的一种行为，而且从长远来看投资又是维持就业、培育财源的工具。其次，出口意味着向国外销售物品，从而赚的是外国人的钱。再次，政府支出是投资融资手段，也是将收入转移到个人手中的工具，个人从而可以购买商品并产生对物品和服务的需求。从旅游的观点来看，旅游吸引物的修建就是投资，这些设施的存在有助于把国外的旅游者吸引过来，这也就是一种出口。同时，在一国内部旅游设施的增加及其水平的提高，还会构成对进口的节省性投资，因为国民可以在国内度假，而不必远行国外消费。而漏损则源自储蓄、纳税和进口。储蓄行为是把钱从经济体中抽出从而降低了对物品以及劳动力的需求。储蓄只有在被金融中介用于为投资融资时才有意义。纳税也是如此，通过提高税负，政府把资金从经济系统中抽出，再一次抑制了需求。只有通过政府支付，这笔资金才重返经济体。进口作为漏损是在自国外买进物品和聘用外国职员这个意义上而言的。漏损越大，乘数的值就越小。换言之，在所得收入中储蓄量及用于进口和其他对外支付的数量越大，乘数效应也就越低。比如旅游目的地的有关部门和企业，为了发展旅游业而进口商品、对外贷款、引进劳务等，旅游乘数效应就会降低。

(2)旅游目的地的产业结构和生产能力。如果旅游目的地的经济实力强、技术先进，并且生产门类齐全，经济上自给程度很高，无论是在数量上还是在质量上都能满足国内旅游企业、居民及外来游客对各种物质商品和服务的需要，那么便有可能是游客的旅游消费所带来的收入更多地留在该旅游目的地经济系统内，减少进口商品和服务的购买。自给的程度越高，旅游乘数的值也就越大。反之，如果旅游目的地经济落后，生产门类不全甚至单一化，不能满足人们对有关商品和服务的需要，在这种情况下，该旅游目的地势必会在这些方面依赖进口，因为旅游乘数效应必然很低。

墨菲曾于1985年公开发表过他关于旅游乘数方面研究成果的归纳(见表5-3)。从表中可以看出，旅游乘数值随着研究地区范围的缩小而降低，这反映了一个事实，即在较小的地区，由于经济自给能力较差，漏损就比较突出。

表5-3　不同国家和地区的旅游乘数

范围	年份	地点	收入乘数
国家	1966	爱尔兰	2.7
	1970	加拿大	2.43
	1974	英国	1.68
	1964	希腊	1.2～1.4
	1977	墨西哥	0.97
	1971	加勒比(英联邦)	0.88
	1974	巴哈马	0.78
州省	1976	新汉普夏	1.6～1.7
	1976	夏威夷	0.9～1.3
	1973	西南英格兰	0.35～0.45
地区地方	1976	爱力，蒙大拿	1.67
	1977	奥卡那贡，不列颠哥伦比亚	0.73
	1977	不列颠哥伦比亚，维多利亚	0.65
	1973	格温尼德	0.37
	1975	东安格利亚	0.35
	1973	大泰赛德	0.32

需要指出的是，计算这些乘数所需要的资料是很复杂的。即使进行简单的计算，也需要确定若干参数。首先要考虑的就是地区范围，因为地区的概念不管在空间上还是在时间上都不是一成不变的，地区的不同特点将吸引不同类型的游客，而这种吸引力也随时而变。我们可以通过分析一个地区游客的旅行特征来定义旅游目的地的范围，从而可能识别出一个“核心”旅游目的地。但是，这并不能保证这个地区恰好对应于借以收集资料的行政区域。例如，旅游目

的地肯延伸到当地行政区划之外，而行政区划却是有关公共部门支出和就业统计的空间基础。游客类型不同，情况也不一样。不过夜游客显然不会使用住宿设施，而短期休假游客每天的开支水平可能较高，但每次度假的总费用却可能很低。住在大饭店的游客较带车露营的游客来说，支出往往高些。

二、旅游收入

（一）旅游收入的概念

旅游收入是衡量某一地区旅游业发展程度和旅游经济效益的重要指标，它对平衡国际收支、促进经济发展亦有着重要的作用。旅游收入是指旅游目的地在一定时期内（以年、季度、月为计量单位），通过销售旅游产品所获得的全部货币收入。它不仅包括旅行社向游客销售整体旅游产品所获得的收入，也包括各类企业向游客提供交通、住宿、饮食、游览、娱乐等单项旅游产品所获得的收入，还包括旅游目的地通过向旅游者出售旅游商品和其他劳务所获得的收入。

（二）旅游收入的分类

（1）按照旅游收入的性质，可以将其分为基本旅游收入和非基本旅游收入。基本旅游收入是指旅游部门和交通部门向旅游者提供旅游设施、旅游物品和旅游服务等所获得的货币收入的总和，及游客在旅游过程中必须支付的费用，包括交通费、食宿费、游览费等。通常，基本旅游收入与游客的人次数、停留时间成正比例变化，由此可以大致估量一个国家或地区旅游业的发达程度。非基本旅游收入是指其他相关部门向游客提供设施、物品和服务所获得的货币收入，即游客在旅游过程中可能发生的消费支出，如邮电通讯费、医疗保健费、修理费、咨询费及购物的费用等。非基本旅游收入具有较大的弹性，它既取决于游客的支付能力，也取决于他们的兴趣和爱好。非基本旅游收入也受游客人次数和停留天数的影响，但并不表现为相同的正比例关系。

基本旅游收入的刚性特点和非基本旅游收入的弹性特征，使我们可以通过两者的比例关系来了解某一地区的社会经济水平和旅游业的发达程度。一般来说，非基本旅游收入所占的比重越大，说明该国或该地区的社会经济水平和旅游业的发达程度越高，特别是旅游商品收入，最能反映一个国家或地区旅游业的发展水平。

（2）按照旅游收入的来源，可以将其分为国内旅游收入和国际旅游收入。国内旅游收入是指经过国内旅游业务所获得的本国货币，它来源于国内居民在本国的旅游，实质上是一部分产品价值的实现过程，属于国民收入的再分配范畴，不会增加国民收入的总量。国际旅游收入是指经营入境旅游业务所获得的外国货币，通常被称为旅游外汇收入，它来源于外国旅游者在旅游目的地国的旅游消费，实质上是旅游客源国的一部分国民收入转移到了旅游目的地国，是社会财富在不同国家之间的转移，它表现为旅游目的地国或地区社会价值总量的增加，相当于旅游目的地国或地区对外输出产品，是特种形式的对外贸易。国际旅游业从外国游客那里获取的外汇收入，扣除物化劳动和活劳动价值后的差额，就是国际旅游业的利润。因此，国际旅游业同其他生产性行业一样，为社会创造或增加了新价值，这部分新价值就构成了一国国民收入的一部分。所以，它属于国民收入的初次分配。

(3)按照旅游收入的构成，可以将其分为商品性收入和劳务性收入。商品性收入是指向游客提供实物形式的商品而得到的收入，包括商品销售收入(如销售各种旅游商品、生活用品、工艺品、药品、书报等)和饮食销售收入。劳务性收入是指向游客提供劳务服务而得到的收入，包括旅行社业务费收入、住宿、交通、邮电、文娱、医疗及其他服务而得到的收入。

三、旅游卫星账户

旅游卫星账户，又被称为旅游附属账户，是一种宏观统计计量方法。它是以国民经济核算为统计基础，按照国际统一的国民账户的概念和分类标准，在国民经济核实总账户下单独设立的一个子系统。通过编制这一账户可以把由于旅游消费而引发的国民经济各行业中的直接和间接的旅游产出，从相关行业中分离出来单独进行核算，从而达到在国际统一的统计框架下对旅游经济进行全面测量和分析比较的目的。

1994 年，加拿大首先对外公布加拿大旅游卫星账户。随后，美国、澳大利亚、新西兰、法国和西班牙等国家也分别建立自己的旅游卫星账户。我国先后在厦门、秦皇岛、桂林、江苏等地建立区域旅游卫星账户进行试点。2002 年 9 月，江苏省旅游卫星账户编制试点工作组完成了江苏旅游卫星账户体系的构建，较系统地提出了江苏区域旅游卫星账户的构想。2006 年，国家旅游局和国家统计局联合组成工作组，正式启动国家级旅游卫星账户的研究编制工作。2007 年 3 月 1 日，“中国国家级旅游卫星账户”项目工作组召开汇报鉴定会，由国家统计局和国家旅游局有关专家组成的研究小组，经过长期的研究工作，以联合国统计委员会批准的《旅游卫星账户：建议的方法框架》为基本原则，利用 2004 年全国第一次经济普查和国民经济核算的相关材料，初步编制完成“中国国家级旅游卫星账户”的部分账户表。

《旅游卫星账户：建议的方法框架》要求建立十个子账户，将旅游消费与旅游产生融合，最终形成旅游供给与消费平衡。这十个子账户包括按产品和旅游类型分列的入境旅游消费、国内旅游消费、出境旅游消费、境内旅游消费账户；按产业分列的旅游产业和其他产业的生产账户；按产品分列的国内供给和境内旅游消费账户；旅游产业的就业情况、旅游业固定资本形成总额、旅游公共消费与相关非货币指标账户。

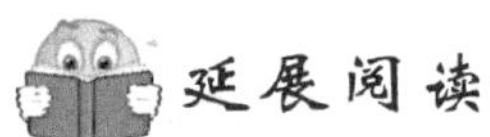

中国(海南)自由贸易试验区社会治理类制度创新案例
——首创利用旅游卫星账户基本摸清海南旅游新业态状况

2019 年 7 月 24 日，海南发布中国(海南)自由贸易试验区第四批制度创新成果，10 项社会治理类制度创新案例。其中一项案例是“以海南旅游卫星账户构建旅游统计新体系”，即以海南旅游卫星账户体系为基础，借鉴了世界旅游组织的推荐框架，引入了海南旅游特色，形成了国际横向可比、产业深度监测、富有海南特色的旅游统计新范式，对海南科学有效地推进国际旅游消费中心建设具有重要意义。

这项案例的主要做法一是立足国际标准，建立完善的旅游卫星账户核算体系。在世界旅游组织推荐的方法框架基础上，编制了境外及省外游客的旅游支出、居民在省内的旅游支出、旅游总供给和区域旅游消费、旅游就业、旅游业非货币指标、旅游业公共消费、旅游固定资产投资等10个子账户和18个市县分账户，其中旅游公共消费账户表是国内首次编制，海南旅游卫星账户建立起了一套完整的“省、市、县一体化”的海南省旅游统计核算体系。

二是立足海南省情，探索具有本土特色的监测内容。一方面从需求角度，特别新增了旅居游客的调查，基于产业发展需要开展了滨海旅游、医疗康养旅游、高尔夫休闲旅游、乡村旅游、婚庆旅游的需求调查。另一方面从供给角度，将医疗康养、温泉、高尔夫、游艇码头及邮轮母港、婚庆、会展等颇具海南特色的旅游产品加入到了核算中。

三是立足新技术，利用信息手段保障数据源头全面、准确。搭建了基于动态数据采集、数据标准、数据交换、数据资源目录、数据资源整合、数据分析、数据上报、数据应用为一体的旅游卫星账户平台，应用PDA、手机App、微信H5、网上填报、平台处理等信息手段，通过游客随机抽样调查、企业专项填报、官方统计信息查询、大数据交叉比对等方式，确保了数据的丰富、完整和准确。

在旅游卫星账户体系建设的直接推动下，“旅游产业直接贡献率”已经被列入海南市县综合绩效考核，成为重要的决策参考指标。海南在国内首创利用旅游卫星账户对省-市县两级旅游产业进行统一核算，有效推进旅游产业统计由“小口径”向“大口径”转变，数据服务和咨询服务更丰富、更优质、更系统、更全面，从根本上解决了“小口径旅游统计体系只能满足基本指标测算，不能全面核算旅游业的发展规模、产出水平和质量效益”的弊端。目前，海南逐步建成了一个可复制推广的标准化旅游卫星账户编制平台。平台已注册企业1200多家、问卷样式种类30套、收录调查及填报问卷6万多份、数据分析报表和统计参数指标超百个。在旅游卫星账户体系的指导下，基本上摸清了海南多种游客类型以及新业态发展情况，建立了多部门协调的数据采集沟通渠道，旅游产业统计工作取得了全面进步。

思考题

1. 旅游对社会经济产生影响的相关因素有哪些？
2. 旅游对社会经济产生的积极影响和消极影响分别有哪些？
3. 在旅游研究领域中常用的旅游乘数类型有哪几种？
4. 请简述旅游收入的概念及其分类。
5. 请简述旅游卫星账户的概念和功能。

第六章
旅游对社会文化的影响

旅游对旅游目的地产生经济影响的同时，在社会文化方面也产生诸多影响。一般情况下，旅游对旅游目的地产生的经济影响更容易被人们认识和理解——虽然这种影响需要经过几个月甚至几年才能显现出来，但旅游带来的显著经济收益则是显而易见的；而对社会文化方面的影响则反映在社区参与、人际关系、社会生活、劳动力分工等多个方面，并且这种影响会非常快地显现出来。在本章，我们将仔细研究游客和旅游目的地之间的相互作用，以及从中产生的社会文化影响。

第一节　旅游对社会文化的影响研究

一、旅游对社会文化影响的定义

“文化”一词在我们的生活中经常被提到，并且它还是社会学、人类学和社会心理学的专门术语，但人们一直难以将它的概念准确概括。美国学者欧·奥尔特曼和马·切默斯对“文化”一词的解释相对明确：“文化指的是一个群体或社会的信念和知觉，价值观和准则，习俗和行为，包括人们认为适用于这个世界、他们的生活和环境的事物，还包括他们的价值观，或者他们认为是好的或者坏的，可以接受的或不能接受的事物。”

按照以上解释，我们可以将文化理解为是包含了人的精神世界以及人化的物质世界中可以传承的带有共性的东西，是由符号、语言、价值观、规范体系、社会关系与社会组织以及物质产品所体现出来的东西。我们从这一角度审视旅游与文化的关系就会发现，旅游的发展对旅游目的地的文化具有不可忽视的影响。

本章节阐述的旅游对社会文化的影响，是指旅游活动对目的地社会的价值观和意义体系（如语言、服饰、民间艺术、宗教等）以及社会生活质量（如家庭结构、性别角色、社会结构等）所产生的影响。旅游的社会文化影响可细分为对旅游者（客人）的影响、对旅游目的地居民（主人）的影响和对主客关系的影响三个方面。

二、针对旅游对社会文化影响的研究

从 20 世纪 60 年代起，西方的社会学家、人类学家、旅游学家和经济学家就开始对旅游所能产生的社会文化影响进行了广泛的研究。因为旅游的社会文化影响非常复杂，学者们一般主要从两方面来研究，一是通过分析旅游者的行为，考虑的主要因素有旅游者的数量、旅游者

逗留时间的长短、旅游者的特征、旅游者在当地的行为活动。二是通过分析旅游地居民对旅游业发展的态度。如，巴特勒(1974)等认为，旅游的社会影响在旅游目的地可以分为两大类，一类是关于旅游目的地的特征，包括对于主客关系的影响，如，文化效应、犯罪、示范效应等；另一类是旅游对基础设施和当地资源开发、利用的影响，如，旅游开发对地方资源和设施形成的压力，输入外来劳动力对当地就业造成的压力，当地语言、文化和生活方式的改变等。福克斯指出，“旅游的社会文化影响被归结为价值体系、个人行为、家庭关系、集体生活方式、安全水平、道德规范、创造力、传统庆典以及社区组织等几方面的改变。”而史密斯则把旅游开发的社会文化影响归结为示范效应、社会分层与社会化、自尊、文化复兴和憎畏感。马西森和沃尔认为，旅行社会文化影响是“作用于接待地社区居民的影响”。所以，旅游社会文化影响研究的焦点往往集中在接待地社区和旅游目的地，而不是旅游客源地。

到目前为止，西方学者对这一领域的研究已经取得了一定成果。在某些问题上也达成了一些基本共识。多数经济学家倾向于把旅游看作是一种发展的手段，它能推动人民和国家的进步，并预示着一个令人憧憬的旅游经济推动地方发展的黄金时代。在一般的社会宣传和大众的肤浅印象中，旅游也常常被视作文明和文化的使者。而一些社会学家和人类学家则认为，唯利是图的旅游只会将原本纯洁的社会变得颓败。当然，这种截然对立的观点并不被研究者所承认。

从西方学者所做的研究来看，旅游的发展对旅游目的地文化的影响主要体现在语言、习俗和传统、烹饪、宗教、服装、文化产品、休闲活动等方面。不同类型的旅游目的地、不同目的地的文化形式以及这种文化在旅游发展中的不同地位、不同的旅游者类型以及当地各种社会力量对比的不同性质，都会使旅游对当地的社会文化影响可能呈现出完全不同的面貌。而且，旅游对任何一个文化要素的影响，也都会呈现出积极和消极两个方面。

三、旅游对社会文化产生影响的基础

旅游对旅游目的地社会文化产生影响，其基础依赖于旅游目的地和旅游客源地之间是否存在文化差异。例如，生活在美国纽约的游客到澳大利亚的悉尼度假。纽约游客和悉尼当地人的文化差别并不大，他们都说英语，都有相似的宗教信仰和生活方式；他们的生活水平和生活习惯也相差不大，纽约游客要求的旅游设施、悉尼人日常生活和出游所要求的服务、期望没有太大差别。而另一方面，拥有 530 万人口的悉尼，它的文化可溶性要大于纽约人与悉尼人之间存在的微弱差异。因此，在这种情况下，旅游者对旅游目的地的文化影响就会很小，即使产生文化上的交流或碰撞，也会因主客双方经验的大量重叠而使交流保持在一种较为顺畅的状态。

但是，如果纽约人去非洲巴布亚新几内亚旅游，就很可能产生文化碰撞。他们除了有不同的肤色、不同的宗教信仰、不同的生活背景之外，他们的经济水平、生活观念、道德基准也不同。尽管这些差异不存在对错，但他们之间文化碰撞的可能性则比上述的差异情况要多得多。我们可以将这种文化接触或碰撞定义为异属文化传播，即旅游者所持文化背景与目的地居民的文化背景非属同类，则双方在价值观念、民族风俗习惯、宗教信仰、道德认知等方面存在与发生文化冲突的可能性就会加大。在社会文化影响方面，旅游目的地和客源地之间的文化差异越大，产生的文化影响效应就越大。这一点，屡见媒体报道的国人出境游中发生的一些事件也可为证，而其带给旅游目的地的文化冲击和影响，无论是积极还是消极，都虽细微却久远。

四、旅游社会文化影响的制约因素

早期的旅游社会影响研究不但提供各种社会影响指标，而且停留在对小型乡村、旅游胜地和东道主社区的描述和探讨上，缺乏坚实的理论基础。一些学者提出了评价旅游社会文化影响的方法，如科恩、鲁宾孙、皮卓玛、皮尔斯、莫斯卡多和罗斯，都强调应更多地关注游客和居民的行为，以及社区和旅游者互动的效果。这些研究认识到，对应于旅游业的结构变化，东道主社区居民涉及和参与到旅游发展中的深入程度和时间长度，旅游的社会影响会随着时间而变化。此外，学者们试图通过研究来回答为什么东道主社区居民对旅游发展持不同态度，以及助长这些态度和行为的因素。学者多克赛通过进一步研究指出，游客和居民之间交互影响的存在可能会导致不同程度的居民不满。这些不满主要来源于旅游者数量及其对居民生活方式的威胁。在实证研究和体验的基础上，多克赛构建一个“旅游不满意度索引”（见表 6－1），阐明旅游目的地历经欢快、冷漠、不满和对抗阶段，一直到人们已经忘记所珍视的环境也受到了破坏。东道主居民和旅游者之间不满甚至对抗的程度取决于相互间的包容性，即使是对于看起来具有包容性的团体，旅游者数量的增长也可能引起双方关系紧张。而旅游者的肤色、文化、经济地位和种族等，都有可能成为问题复杂化的诱因。

表 6－1　旅游不满意度索引

欢快阶段	旅游发展使人们热情饱满，对游客表示欢迎，居民有很多就业机会，旅游收入也会不断增加，游客和居民双方都满意
冷漠阶段	随着旅游产业的发展，人们开始习惯旅游者，对其不再关心，并很快将其视为盈利目标，私人接触开始变得更为正式
不满阶段	当旅游业发展接近饱和点或超出环境、社会和心理容量时，就会产生甚至加剧不满
对抗阶段	不满情绪不断激化，居民视旅游者为不利现象的诱因和先兆，互相尊重已经让位于愤怒，旅游者遭到“劫取”
最后阶段	疯狂开发旅游，人们已经忘记和忽视最珍贵，也是最初吸引旅游者的环境和生态系统，旅游者欢快体验的景象不再

关于制约社会文化影响特点和程度的一系列因素，概括为以下四个方面。

（一）旅游者的类型和数量

通常来说，少量的游客尤其是独立旅行者的活动对当地产生的影响较小，因此，旅游者的数量越多，产生的影响也越大。换言之，融入当地服务和社区的游客与依赖外部大量旅游设施旅游的游客相比，前者产生的影响更小。对于设施完备的独立度假胜地而言，大众旅游造成的影响可能比较小。

（二）旅游业的地位

旅游作为一项产业的首要目标就是促进当地经济的多元发展。一种极度依赖旅游业的经济类型与混合经济类型相比，旅游对前者的影响要明显大于后者。帕塔洛以加勒比北岛为例指出，在通常情况下，某地经济依赖于单一产业会导致很多社会和经济问题。

（三）旅游业的发展规模

涌入一个小型社区的大量旅游者往往会对当地产生极大的影响，而较大型社区所受的影响则相对较小。从旅游的生命周期来看，旅游发展阶段由于大量的设施建设和环境变化，旅游目的地面临更多的影响。在英国，很多地方都希望吸引少量消费水平较高的旅游者，其他一些国家也相继采取类似的发展模式，如塞舌尔就是其中之一。成熟的旅游目的地所经历的变革也要比新兴旅游目的地少。

（四）旅游业发展速度

一些旅游目的地经历相对失控的快速增长阶段，这些地区受到的社会影响可能更大，当地社区必须在保护旅游者权益的基础上，逐步适应这些变化并考虑旅游者的利益。其他需要考虑的因素包括当地居民和旅游者接触的特点、旅游目的地的特点以及文化相似性。威廉斯认为，文化的相似性或差异性是导致社会文化影响的一个主要因素。如果当地居民和旅游者之间的差异性不仅体现在文化上，还体现在地理区位上，那么影响的程度就会更深。因此，当旅游者和当地居民之间具有文化相似性时，如西欧人和美国人之间，社会文化的影响就会比较有限。即使是对增长最快的亚洲市场而言，也有75%以上的国际旅游者来自本地区，因此，他们对当地产生的影响反而小于人们的预期。在世界上，一些被认为旅游影响重大的地方，大部分游客具有多种社会文化背景。

第二节　旅游对社会文化的影响体现

旅游发展作为实现经济现代化和多元化的工具，无疑会带来社会结构的发展与变革，这些变革既可能是积极的，也可能是消极的。从积极的角度来看，全社会的收入和就业机会将会增加、教育水平提高、基础设施和服务水平得到改善。从消极角度来看，旅游则可能对传统社会价值观构成威胁，产生社会阶层分化，文化价值观受到影响。从某种程度来说，所有旅游者都有着自己的信仰、价值观，以自己的行为模式度假，即所谓的“旅游者行为的文化性”。当游客来到旅游地与当地居民发生接触，文化的交流与碰撞就此开始。所以，学者们对旅游业的社会文化影响提出两种观点：一种观点认为，当地居民和旅游者的相互接触会削弱或破坏当地的传统文化，旅游业会对当地的居民和社会文化构成威胁；另一种观点认为，当地居民和旅游者的相互接触可以为和平友好和加深了解创造机会，旅游文化交流能够增进双方的相互了解。本节将列举几个具有代表性和警示性的问题，以说明旅游发展对旅游目的地社会文化造成的影响。

一、旅游发展带来的社会不良现象问题

旅游城市的发展往往缺少政治介入，这带来的后果是该地区的犯罪率比其他地区要高。造成旅游地区犯罪率较高的一方面原因是，这些地方（特别是西方和东南亚某些旅游地区）常被游客认为是追求极致快乐和充分放飞自我的地方，而这种追求极致快乐和放飞自我的方式常常是在自己生活的地区所不能实现的，是违法的。

旅游城市流动人口的增加是导致犯罪上升的另一个主要原因。游客往往在身上带有大量现金、昂贵的首饰、数码产品并且缺乏警惕的心态，这为犯罪提供了条件。而不法分子也正是抓住了游客通常不熟悉当地法律、不愿意使事情复杂化、不愿意打乱度假安排或花很多时间打官司的特点，将游客作为偷窃、抢劫和诈骗的对象。某些游客挥金如土的消费和极致的享乐行为也对一些生活水平悬殊的当地居民造成了心理冲击和文化冲击，使他们萌生了强烈的剥夺感和嫉妒心，因此沦为针对游客实施诈骗、偷盗、抢劫的犯罪分子。高犯罪率对当地居民也会产生影响，他们的财产也会成为盗贼的目标，人身和财产安全同样受到了威胁，使得当地人的生活环境变得不再安定。曾经在澳洲的黄金海岸，由于针对游客的人身伤害和绑架时常发生，日本的旅游供应商就曾雇佣保镖来保护来澳旅游的日本客人。这种做法使当地人感到吃惊，也使旅游者与当地人之间的隔阂和纷争进一步加剧。

另外，由于旅游产业的商业属性浓厚，因此随着旅游开发的深入，在经济利益的驱使下，旅游目的地的商业意识过强，会导致当地居民的风俗习惯、生活生产方式改变，从而进一步破坏当地原有的行为文化特性和淳朴、善良的原始民族风貌。以往重义轻利、热情好客的纯朴民风悄然消失，取而代之的是见利忘义、坑蒙拐骗。人们不再像以前那样质朴、纯洁，享乐主义、拜金主义逐渐取代当地人的传统风俗，尤其是年轻人的信仰和处世原则。例如，在西藏的一些旅游地区，就出现了诸多和藏区传统美德相悖的社会现象。

二、旅游发展带来的文化冲突问题

旅游者旅游的最普遍动机是开阔视野，感受独特的异域文化。随着可支配收入的增加和人们对生活质量需求的提高，越来越多的城市居民会花费大量的金钱去旅游，以此来暂时摆脱城市中枯燥乏味的生活和工作环境，通过回归大自然、体验不同的生活来重新找回自己。旅游归来时，游客们都会带回许多照片、明信片和旅游纪念品，这些将成为他们日后回忆这次旅行的美好素材。加之随着各种自媒体的飞速发展，铺天盖地的旅游目的地宣传以及旅游经历分享时刻吸引着人们加入旅游消费的行列当中，旅游已经成为当今人们所热衷且推崇的一种生活休闲方式。

但是，从社会文化的角度贬责旅游的观点也一直存在。甚至在一些人眼中，旅游已经成为一种迅速传播的现代病，蔓延至全世界，无论穷人还是富人，都难逃它的传染。尽管人们在旅游中确实体验了文化交流的快乐，尽管旅游目的地通过旅游业确实取得了一定的经济收益，但

这种交流的性质和付出的代价往往会受到质疑。旅游地原住民和游客之间在社会阶层、贫富水平等方面的差异巨大，当原住民传统、神圣的祭祀舞蹈变成供游客娱乐消遣的表演项目；当原住民生活的土地上建起一座座豪华的旅游设施，而他们自己却被隔离在高高的围墙之外……这些现象无疑在原住民和游客之间筑起了一道屏障，加剧了他们之间的文化冲突和差异矛盾。

旅游一方面促进不同文化背景的人相互交流，从而扩大他们的知识和视野；但旅游同时也放大了种族、性别和民族之间的不平等性。

三、旅游发展带来的行为示范问题

旅游者和当地人的社交往来，会促使当地人学习或模仿旅游者的某些行为。再加上如今媒体的传播越来越迅速和多元，各种外来的观点和行为源源不断地被当地人了解和效仿，文化的多元性通过旅游反映并凸显出来，同时也暴露了人的欲望本性。有些行为的模仿是积极的，比如更加健康卫生的生活习惯、更加进步的思想观念和家庭关系、更加先进的生产方式和职业态度等，这些如果被当地人学习，将会产生积极的影响。但不幸的是，许多消极、负面的东西也会被当地人效仿并形成了不良的影响。

物质文化是人类的物质生产活动方式和产品的综合，是具有物质实体的文化事物。旅游的发展可以促进不同地区的物质文化交流与认同，也有助于丰富物质文化的表现形式。但这种交流和认同却是由经济强势一方主导，文化由经济相对发达地区向相对落后地区辐射是文化传播的一般规律。一些旅游目的地居民，尤其是青少年，在生活方式上盲目地模仿外来的游客，尤其是经济相对发达地区的游客，往往会在思想和行为上产生一些消极变化。他们开始对自己的传统生活方式，尤其是经济上的落后感到自卑和不满，先是在装束打扮和娱乐方式上消极模仿，继而发展到有意识地追求。为了满足自己对高档生活的需求，他们将更多的钱用于进口商品采购和高档生活品消费，而相对减少对生活必需品的购买，从而加大了家庭乃至整个地区的财政赤字。他们逐渐开始入不敷出，因为较低的收入根本无法承受高档生活的消费。

一些游客，他们的穿着新潮时尚但生活放纵，奢靡的生活方式很容易激发当地年轻人对物欲的追求，这种效仿不仅对当地的传统道德形成冲击，还可能将一些传染性疾病引入并在当地形成传播。来自游客无度的行为方式和他们无意间流露出的对当地传统文化的不尊敬，还有可能会误导当地的年轻人对自己国家、地区的传统文化或宗教信仰产生动摇，并在价值观念和行为上发生趋同性转变。那些渴望变革的青年与希望保留传统生活方式的中老年人的代际差异也日趋明显。

虽然旅游的发展为当地提供了大量的就业机会和相对以往更高的收入，旅游的发展同时也吸引着众多外来资本和旅游从业人员的涌入，这势必会吞噬一部分旅游业发展给当地带来的经济红利。而更多的当地人仍处于低收入的水平，那些无法得到旅游业经济红利的青壮年不得不奔向大城市谋生，形成大规模的人口迁移。尽管他们最初的想法是挣到钱后衣锦还乡，但实际上，许多人最终由于种种原因而没能回到故乡，这使得当地人口持续减少。人口的流失和生活方式的同质化使得当地的传统文化不断被稀释，那些富有传统特色的生活劳作方式、文化仪式等逐渐消失、失传，传统文化的保护和传承遇到困难。旅游目的地文化和客源地的趋同，会极大地削弱旅游目的地的旅游吸引力。无论是在国外还是国内，这种情况都屡见不鲜。

四、旅游发展带来的传统文化商品化问题

旅游者对传统文化的推崇会使得旅游目的地的一些失落或失传的文化事项得到及时的拯救、传承和发扬。为了满足和丰富旅游者的文化体验，旅游目的地原本逐渐被淡忘的传统习俗和文化事项得以恢复和开发；传统的民间艺术重新受到重视和传承；已被毁坏的历史文物得到修复和保护。当地人久已习惯的风俗被远道而来的游客所崇敬；当地人习以为常、不以为然的建筑、物件却被各国游客叹为观止，甚至被列为世界遗产；当地人自娱自乐的歌曲、弹唱被世界人民所接受、所欣赏。这些都会使当地人民感到无比的骄傲，激发他们的民族自豪感和民族认同意识，使得当地人的文化自尊心、自信心和民族凝聚力得以增强，有利于促进旅游目的地的民族文化保护和复兴，有利于当地文化保护的良性循环。较为典型的例子，如丽江纳西古乐曾在20世纪30年代发展到顶峰，此后由于战争、政治、社会发展等因素影响一度陷于濒临失传的境地。而正是20世纪80年代后旅游业的介入促成了这一古老文化再次引起世人重视，从而得到保护与发展，并成为当地旅游的名片。又如在云南省丘北普者黑仙人洞村，有超九成的当地人赞成旅游"使得彝文逐渐得到恢复，带动了彝文的学习""促进了地方风俗习惯、传统文化的保护"。在国外，如西太平洋雅浦岛，为发展旅游，岛上许多村庄都致力于传统文化的发展，如传统竹舞的学习和表演，以及相关传统设施如鱼梁、石头小径、乡土建筑、举办宗教仪式的场地等的恢复与重建，同样也说明了这一点。但也有一种观点认为旅游的发展是导致文化活动商品化的主要推手，这些待价而沽的商品已经失去文化活动本身所具有的含义。为了试图将文化包装成为旅游者可消费的商品，旅游已使得文化失去灵气。文化商品化的过程受到很多学者的批评。

当今旅游者不再只热衷于旅游景点的观光和购物，他们对反映当地传统文化和真实生活的文化旅游更加热衷，希望能亲自体验一种与自己生活环境不同的另类文化。但是，越来越多的旅游目的地为了提高经济效益，出现了一种文化迎合的情况，从而造成在目的地，凡是可以被旅游者接受或喜欢的文化及相关事项都被待价而沽，进而沦为经济目的的附庸或出现文化失真现象。各旅游地随处可见的大同小异的民俗表演以及纷纷兴建的旅游文化村，大多都脱离了文化真实背景，带有明显迁就游客的表演成分。而本来只在特定场合（礼拜、婚礼、节庆等）才举行的仪式，现在为了满足游客的好奇也被打造成旅游商品，每天表演一次甚至多次。当这些活动以不恰当的理由被安排在不恰当的时间表演，就会失去其原本的文化意义。例如在澳洲旅游城市的特色旅游街区上，除了排列着无数工艺品商店外，每天还会进行澳洲原住民的歌舞表演，以此来对游客投其所好。旅游目的地文化的真实价值逐渐被商业价值掩盖或抛弃，其内在含义被人为地肢解、歪曲、伪造、假冒等以求得更多的经济价值，这种现象在很多所谓的民俗文化旅游中都有所见。另外，附会现象在旅游发展中也是较为普遍，它赋予了本来无生命的自然事物以灵气和神秘，它建立在当地深刻的文化传统的基础上，通过树木、石头、花草、瀑布等外在的载体把当地典型的传统道德、价值观、信仰等加以继承和传播，但是那种任意

编造、添加、拼凑、虚构出来的伪文化非但不会加强和突出当地文化的个性和特色，反而会破坏民俗文化的背景，阻碍旅游业发展。长此以往，当地固有的文化就会逐渐失去特色，如此不珍惜自身文化而粗制滥造、炮制虚无文化无异于“杀鸡取卵”，还会使当地人错误地认为文化仅仅是赚钱的工具而已。

在旅游过程中，旅游者普遍的行为之一就是购买旅游纪念品，或是作为旅行纪念，或是作为送给亲友的礼物。根据旅游纪念品的特征，它们的价值和重要性也存在差异。那些具有异国风情特征或当地原始文化性的纪念品最受游客欢迎。但是大多数游客对这种纪念品所蕴含的文化和历史知之甚少，更是难辨良莠。而制作这些商品的艺人、生产者为了使商品能更加吸引游客，更容易销售出去，就有可能将一些与传统文化不相协调的东西植入其中。随着游客的大批涌入，原本具有很高文化和象征价值的文化产品变成了卖给无知游客的旅游商品，这些文化产品在被很快消耗的同时，当地为了满足游客的需要而进行大批量且粗糙的复制。长此以往，导致文化产品质量下降，其原有的艺术价值和人文气息也被大大降低和淡化，失去了其原先的意义和价值。

旅游目的地的宗教场所、仪式也在遭受着同样的命运。宗教的强大力量始终吸引旅游者前往世界各地的宗教中心。许多宗教圣地吸引大批游客，宗教建筑物和宗教活动成为可观赏的景观，尽管旅游者未必有相关宗教信仰，但这并没有阻挡他们旅游的热情。旅游者并不能够完全理解当地传统的宗教礼仪、仪式和习惯，他们可能会以一种漠然，或是游乐的态度来参观这些宗教活动，这种行为使得宗教仪式的文化意义不复存在，甚至会伤害到当地信徒的宗教情感。在很多国家，旅游者的服装也可能会引发冲突，例如在某些地区，穿着紧身衣、短裤或短裙的女性游客以及穿着短袖衬衣的男性游客都被认为是有伤风化的。

五、旅游发展带来的仇视游客问题

虽然不同学者对游客的概念有着不同的定义，但在人们生活的地方总是存在着某种形式的游客，比如从其他地方前来探望、小住的亲友；比如送孩子到异地求学的父母或是到异地出差的商务人士等。人们仿佛已经习惯了自己所生活地方的人来人往，认为这是再寻常不过的事情。但当大批量游客出现在人们所生活的区域时，这种容忍就会发生变化。原先人们欢迎游客，因为他们给当地带来了活力和收入。现在由于大批量游客的到来，对当地的生活造成了影响甚至混乱，对当地的文化造成了冲击，就可能导致当地人对游客产生仇视情绪。

在巴特勒的旅游生命周期模型中，包含着对旅游目的地原住民的态度演变过程的认识。多克赛根据自己在巴巴多斯和尼亚加拉湖区的案例调查，也总结出旅游发展的阶段性在目的地原住民对待旅游者的态度上的体现。按照他的理论，当地原住民与旅游者之间的关系是遵循着某种一般的进程演进的，即融洽阶段、冷漠阶段、恼怒阶段、对抗阶段和最后阶段。旅游目的地原住民对旅游发展和旅游者的态度变化植根于旅游带给当地的复杂影响，尤其是其中消极影响的积累，是导致目的地原住民一改欢迎旅游发展的初衷而变得憎恶旅游的社会基础。在旅游发展的最初阶段，旅游目的地原住民对旅游者的到来热情有加，极尽殷勤。特别是在经济相对落后的地区，人们对旅游发展所能带来的美好的经济前景更是满怀憧憬。当旅游地的生命周期进入巴特勒所谓的参与阶段时，多克赛却发现真正参与到旅游相关活动中的却是少数一些人。随着流入的旅游者数量的增加，旅游者不再是一道稀罕的风景，人们开始麻木了，冷漠的情绪开始产生，即多克赛总结的第二阶段。为了吸引更多的游客，旅游开发商和投资商会开发更多的旅游设施，大量修建酒店、公路、购物中心等旅游配套设施，而这些设施建设很可能会挤占当地人原有的生活空间，改变他们固有的生产生活模式。到了旅游发展的成熟阶段，旅游者与旅游目的地原住民的对比关系几乎发生了变化，大批量游客的涌入，势必会占用当地人的公共资源，比如公共交通、医院、超市等，不仅提升了当地人生活的时间成本，还很可能引起当地经济的通货膨胀，提高当地人的日常经济成本。生活的不便利、犯罪率上升、文化观念和生活方式冲突、城乡环境污染、文物古迹破坏、甚至是生态环境的破坏，都是大批量游客涌入可能造成的消极影响，而这些影响会冲抵旅游业为当地带来的经济效应和就业机会，引起当地人的游客仇视，而当地原住民还会把这种仇视甚至会延伸到外来打工者身上，将他们视作使当地原住民生活标准下降的原因之一。接着，在旅游发展的停滞阶段，经常面临的超负荷问题又进一步把当地原住民的情绪从恼怒推向对抗。

目前，学者们对旅游目的地原住民态度的这种多阶段发展模型的认识尚存在争议和怀疑。实际上，旅游目的地的旅游发展的主导力量不一定是当地居民，而可能是其他更有力量的利益集团，而他们对旅游发展的态度却可能截然不同。这些利益集团(包括当地原住民)看待问题的角度、深度以及他们影响事物发展进程的方式和力度都会有很大差异，因此，用一种观点来概括一般性有时会失之片面。但人们意见一致的是，对于一些偏远地区来说，旅游的开发改善了当地的道路交通和硬件设施，激活了当地的文化工艺品，也使得该地区破旧的建筑得到修葺，使得生活环境得到改善和提升。这些都是作为旅游城市而受益的方面。当然，不管在什么地方进行旅游开发，都应将游客接待人数控制在可控的范围内，保证游客旅游舒适度的同时，确保游客不会对当地的环境、生态甚至是文化造成破坏，使游客与当地原住民和谐共处。

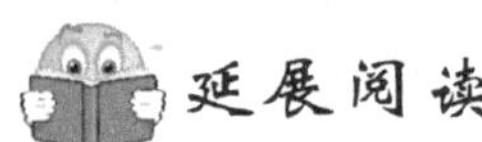

“大麻旅游”推高荷兰小城犯罪率

荷兰边境小城马斯特里赫特风景如画，不过，大部分涌入该市的游客并不是为了欣赏风景，而是因为他们在这里的咖啡店里可以合法买到大麻。“大麻旅游业”的兴起导致小城交通拥堵、犯罪率上升。

一、大麻合法招来游客无数

夏天的夜晚，荷兰小城马斯特里赫特，一家名为“逍遥”的咖啡店挤满了人。不过，这里出售的并非传统的咖啡和点心，而是大麻等软性毒品。在马斯特里赫特，这样的“咖啡店”一共有13家。

在荷兰，大麻等软性毒品被称为“消遣型毒品”，可以合法销售和使用。这种在欧洲独一无二的毒品政策造就了一个庞大的“大麻旅游业”，每天都有成千上万的“大麻游客”涌入荷兰的各个边境城市。

荷兰的禁毒哲学认为，适当地放开软性毒品反而会使人们远离毒品，会使青年人更有活力。然而马斯特里赫特市的官员如今很恐惧地发现，情况正在朝着完全不同的方向发展。从马斯特里赫特可以很便利地开车往返于比利时、法国、德国等欧洲国家。这样的地理位置和宽容的毒品政策，使马斯特里赫特等荷兰边境城市变成了地区毒品供应的中心。

二、成群游客引来黑帮毒枭

马斯特里赫特市的官员称，仅该市每年就吸引超过200万“大麻游客”造访。然而，这样的吸引力，马斯特里赫特和其他荷兰边境城市并不愿意拥有。

大量“大麻游客”的涌入不仅造成了交通拥堵，还导致马斯特里赫特的犯罪率持续上升。

目前，与规模差不多的荷兰非边境城市相比，马斯特里赫特市的犯罪率要高2倍。最近几年，毒品贩子雇用杀手互相暗杀这类严重罪案也开始出现。

由于大麻旅游业带动了毒品销售，荷兰国内也出现了大麻等毒品种植的非法产业。据估计，这个地下大麻种植产业每年生产的毒品价值近20亿美元。与此相关的黑帮犯罪和洗钱活动也随之猖獗。

第三节 旅游与文化变迁

一、文化采借

文化是一个学习和被学习的过程。文化的习得性与文化的传承性是一个事物的两个方面，而在旅游世界中，这种双面性得到了最直观的表现。这便是文化的采借过程。

两种文化接触后发生传播，在传播过程中互相采借对方的文化，这是文化发展的普遍现象。但是，采借并不是完全对等的，也不是对所有外来文化的全部采借。文化采借大多是相对落后的社会采借发达社会中的先进文化元素，而相反的情况十分少见。采借是有所选择的，选择的主要标准有：使用价值的大小、与本民族文化模式的接近程度、与本民族心理的一致性等。在文化采借过程中，一般的情形是物质文化的采借先于精神文化的采借，因为物质文化的利用价值比较容易判断，它与本民族的意识形态没有直接的冲突，因而易于被接纳。而精神文化所遇到的情形恰恰相反。一种理论或观念往往打上民族的和阶级的烙印，与其他民族或社会的传统的、或占统治地位的意识形态有可能发生冲突，因此它的传播与采借会遇到更多的困难和阻力。但是，伴随着物质文化的被采借，精神文化的传播几乎是不可避免的，只是程度有所差异、时间或早或晚、影响有强有弱而已。

二、旅游的文化潜移过程

旅游由于是人与人之间，尤其是具有不同的文化背景、文化特征的人之间的交流和接触，所以它就成了文化采借的一个渠道。然而，由于旅游目的地有些在经济落后地区，而它们又主要以经济有实力的西方发达国家作为其旅游市场，因此，“主人”与“客人”之间的交往所引起的文化采借就会呈现不平衡的局面。因为，这些目的地要在一年当中的较长时间里遭受外来文化的冲击，而每个旅游者在旅游目的地的活动相对于日常生活而言仅仅是一个很短暂的阶段，因此他对目的地文化的体会也不过是蜻蜓点水，且当地文化对其日后的生活方式很难真正产生影响。所以这些旅游目的地的文化相对于西方文化来说，往往成了弱势文化，在整个旅游文化交往过程中，他们向游客所采借得多，而向游客输出得少，由此出现了文化的不平等交流。这种不平等交流还会因旅游者的旅游方式、个人动机和文化特性、旅游者与当地原住民的交流时间与空间等因素的变化而呈现极不相同的效果。试想，作为旅游目的地的原住民，他们会长期面对与自身社会文化和日常生活存在较大差异的旅游者，旅游者们的某些共同的行为特征始终影响着当地的原住民；而作为旅游者，他们却只是暂时地面对生活在另一种社会文化环境下的原住民，之后他们会很快回到自己的文化当中，回归其原先的工作与生活当中。如果在旅游目的地所领略的文化对这些人有所影响，这种影响将只表现在这个旅游者个体身上，而它很可能逐渐又被淹没在旅游者所在的主流文化当中。

很多案例研究证明，旅游对地方文化变迁的影响是巨大的。那么，旅游对目的地文化的变迁产生的影响到底有多大？对保护文化多样性的作用是积极还是消极的？这些问题在西方即使经过大量人类学者的田野调查，也未能得出十分清晰的判断。正像格林伍德在他的《以英镑计量的文化：对旅游促进文化商品化的一种人类学家的观察》一文中所说的那样："说所有的地方文化都正在遭受破坏，这话对吗？……全面反对文化变迁，其立足点就耸人听闻；而理所当然地接受所有的文化变迁也是愚蠢和痛苦的。真正的挑战——至今还没有得以应付——是如何将文化社区作为一种动静结合的复杂过程来加以概念化的研究，并进而离析出旅游在这种变化中所起的作用。"也就是说，我们需要注意的问题是，如何客观地估量旅游对文化变迁影响的真实程度。如何把文化变迁置放于大尺度的历史空间去考察，这种变迁几乎是必然的。这样，旅游也许起到的是加快了变迁的作用。同时从另一个方面看，由于旅游本质上的规定性，又决定了它有阻挡文化向着商业化方向变迁的内在动力，因为旅游者的动机在于追寻特色文化。而谢彦君则进一步认为，文化实际上有动态的部分（语言、价值观念和生活方式等）和物化的文化（建筑物、遗址、服饰、文物等）。动态的部分所经历的演变过程与整个社会经济发展的历史过程结合在一起，企图让它停滞在某个阶段的形态上是不现实的；物化的文化是人类的历史遗产，对其中有价值的部分是能够也应该加以原样保护的。一个社会如果想知道它的来龙去脉，就一定要保护静态的文化，并从中发掘生动的信息；一个社会要想满足其成员不断增长的精神和物质需要，就一定要认可文化的积极变迁，否则，就会产生伦理上的问题，也可能酝酿不安定的社会因素。

三、旅游培育的"文化孤岛现象"

正是由于旅游者对奇异文化的癖好或珍爱，由于旅游发展必须建立在满足旅游者需要的基础上，旅游目的地的文化要素才被不断发掘出来，经过孤离、整理、加工，最后呈现在旅游者面前。这样，我们才能在一些岛国旅游目的地看到当地土著居民表演的舞蹈，才能在我们国内的一些民俗文化村里看到流行于少数民族地区的习俗活动，还能重睹各民族的民间艺术、民俗风情和民居建筑……有的学者将这种现象称为由旅游所促成的文化复兴现象，而这些活动本身已经构成了另一种文化形态:旅游文化。

旅游文化与纯粹意义的、供文化旅游者观赏体验的文化有着一定的区别和联系。可以说,旅游文化是由旅游目的地居民、旅游者的旅游活动所营造的一种新型文化形态,而本土原始文化仅仅存在于相对封闭的社会或社区生活当中,常常是文化旅游的对象。换言之,一旦敞开大门面向外部世界,一旦将接待旅游者、兴办旅游业作为发展的途径,其本土原始文化的演变速度就会加快,并有可能最终逐渐演化成为一种旅游文化——这是一种源于本土原始文化而又采借了大量外来文化的新型文化形态。著名旅游人类学家埃里克·科恩在论及文化旅游与旅游文化的关系问题时这样写道:"当旅游最初渗透进一个偏僻的少数族群中时,由于很少受到外部力量的影响,当地'自然的'生活方式及习俗就成了对游客的主要吸引力。但是随着旅游业在当地的成熟以及这一族群随之通过市场力量及政府行为逐渐与该地社会文化相结合,便出现一个问题:这种结合常常导致这一族群在文化上逐渐被同化。在多数情况下,他们的文化在该地就受到排斥和弱化。由此,这一族群民族旅游的吸引力就会下降。""而有些地方形象虽然没有'受损',但文化独特性却日益减少,于是只好忙于弥补这一矛盾,把他们的真实性搬上舞台:居民穿上他们的'民族'服装,'展示'给游客看,而在家里时却穿普通城市服装;他们把手工艺品作为纪念品卖给游客,而他们自己已不再使用这些物品;他们表演各种仪式,表演的时间和地点均不符合这一仪式本来的举行地点和时间。由此出现了与他们实际日常生活隔绝的'舞台化'的旅游圈。一些专为旅游'设计建造的'景观代替了'自然的景观',甚至在当地的习俗已经逐渐消亡时,情形也是如此。"这时,旅游文化作为一种新的文化形态自然而然地衍生出来。在这种旅游文化当中,商业化的文化活动自然成为文化的重要甚至主体部分。比如某些土著居民出自经济目的而刻意为旅游者提供的舞蹈或仪式性的表演,在很多方面已经不具有其原始意义。因此,这种表演与普通剧团的演出活动已经没有本质的差异,因为仪式本身的某些性质已经与表演相剥离。

严格地说,在拥有独特的民族原始文化的地方,因旅游而发展起来的旅游文化已经不可能重塑本土原始文化的形骸和精神,因为本土原始文化是历史的、社会的,是与环境相依存的。在人类学家的眼中,当真实的文化与这种舞台化的文化在同一个族群聚落同时存在时,专门呈现给旅游者的文化表演,很可能已经割断了连接本土原始文化这个婴儿与其所依托的社会、历史和环境这个母体间的脐带。因此,虽然它的形式可以愉悦旅游者,但它的内核则注定是僵死的东西。所以,旅游在这里所能做的,恐怕只是将民族文化变成一种僵化的冷冰冰的图画而已。这些图画孤离于社会,成了一座座孤岛,成了真实文化的虚假的面具,仅仅具有商业价值,供人们尤其是旅游者在闲暇中把玩娱乐。与此同时,真正的文化将依然融汇在社会历史的长河中演绎自己的故事。不过,随着旅游的发展,在一些民族旅游极其发达的地方,如巴厘岛,旅游业与当地的社会文化已经紧密地结合在一起,以至于无法区分何为当地"真实的"内部社区生活,何为"舞台化的"外部形象。在这种情况下,具有某种独特的文化特质的旅游文化的塑造,将有可能为若干年后的该社会或社区带来另一种面孔的"本土原始文化"。比如说,在美国社会专门为旅游而创造的迪士尼文化,也许在百年之后却成为美国通俗文化的一种典型形式,并以这种面貌吸引着旅游者的目光。

延展阅读

发展旅游产业要坚持文化自觉与文化自信

据中新网报道，甘肃省省长唐仁健在2018年甘肃省旅游产业发展大会上提出："提升旅游产品和服务的品位，处理好'土和洋'的关系，往往也能收到动见观瞻之效。有些方面只要处理得当，看起来很土，但细细品来，很耐人寻味，这就是一种'不经意的讲究'，人们常说的'低调的奢华'。"

在谈及规划建设甘肃乡村旅游景区时，唐仁健提出要拿捏和把握好"四气"。认真分析，这其中"土气"与"老气"可以说是关键。比如"土气"，意味着乡土气息，虽然不那么"高大上"，却是乡村旅游的内核，所以在规划建设时要严防拆古桥、伐古树、毁良田、废古宅，更不能搞推倒重来、大拆大建，而应最大限度地保留传统村落的原有格局和本真风貌，尽可能保持本土的民俗文化。而"老气"则是老村子、老房子、老街巷、老物件等旧物在岁月变迁中所沉淀的文化内涵，即便是一段残垣一堵断壁，背后也往往蕴藏着独一无二的故事，自有其存在价值。

近年来，一些地方借助古城、古民居、老宅、古村落等做"古"字文章，在旅游产业开发中获得了极大成功。相反，有些地方在城市改造扩建中缺乏对传统文化、文物古迹的保护意识，一味大拆大建，一些具有历史文化价值的古迹遭到破坏，令人痛心。清一色的高楼大厦、钢筋混凝土建筑看似壮观，却使得城市失去了历史赋予的独特魅力。

如何解决开发与保护之间的矛盾，是城市发展过程中需要直面的问题。欲破题，"保护先于开发"的观念要先行。即首先要具备古迹保护的高度自觉，认识到凝聚历史内涵的古迹对于一座现代化城市的意义，如此才谈得上研究、保护、合理开发利用。

以甘肃省为例，这片文化积淀深厚的土地上有太多的古迹、遗址，它们可能坐落在城市的一隅，可能位于某个偏远村落，或宏伟高大、富丽堂皇，抑或只是路边的几处残垣断壁、几座低矮小屋，却都饱含着先民的生活气息。尤其是那些历史久远的建筑、雕刻、绘画等瑰丽艺术，处处凝结着匠心与智慧，那些流传至今的人物轶事，桩桩件件都蕴含着独特的文化气质与精神内涵。这就是我们的历史与文化，它们就隐伏在那些"土气""老气"的旧街陋巷、断壁残垣间。

第四节　第三世界国家的旅游发展

自19世纪60年代以来，发达国家和第三世界国家在收入、教育、福利和健康之间的差异不断扩大。为了调整这种不平衡，一些国际组织，如世界银行、联合国教科文组织等，鼓励第三世界国家开放边境，发展旅游，以此来增加外汇收入。有些国家确实因为发展旅游而带来了收益，但并不是全部的第三世界国家都是受益者，有些国家则因此加剧了贫困程度。

世界上四分之三的人口生活在第三世界国家。这些国家的特征是：国民生产总值偏低，制造业薄弱，人口总量稀少，在有些地区甚至存在较高的文盲比例。这些国家主要位于非洲、亚洲和南美洲，它们不仅面临着需要努力吸引游客的问题，还存在着大量游客的接待问题。

在研究旅游业对第三世界国家产生的社会文化影响时，很重要的一点就是要认识到，许多因素既在宏观上也在微观上促成旅游业的成功或失败和对当地产生的影响。许多研究只注重微观问题，只注意到了旅游效果，没有首先考虑到形成发展中出现问题的根源。要全面了解问题的实质，我们必须首先研究宏观问题：导致发达国家和第三世界国家长期存在鸿沟的历史原因和经济背景。

一、发达国家和第三世界国家之间的鸿沟

世界上总是存在穷国和富国，财富和贫穷的基础有赖于经济生产的手段和维持经济生产的资源获得性。随着二战后通信和技术的高速发展，人们可以实现在一个地方管理许多分布在不同国家和地区的生产基地，即使它们相隔几千公里。这就是我们所认识的跨国公司，它能超越政治障碍，在不同的国家经营、管理。同时也说明，一批富有和有权力的人既能支配资源的供给，又能支配商品的生产。由于这些商品的价格远远高出生产资源和劳动力的成本，这就给跨国公司带来了巨大的利润，这些跨国公司大多来自工业化国家，而付出资源和生产代价的一般则是处于第三世界国家的商品生产国。

二、旅游能帮助第三世界国家摆脱贫困吗？

要解决第三世界国家的贫困问题，旅游被认为是可行的方法之一。因为它能通过少量的投入来吸引大批外汇收入。许多人认为，旅游是那些背负着国家债务且面对着拥有先进生产技术的竞争对手的国家，还能保持自身产品生命力的万能药。主张这一观点的人认为，旅游业是无烟产业，当地人可以利用自身独特的文化遗产和再生资源来创造经济收益；但持相反观点的人认为，在现实中事情并没有那么简单。有些第三世界国家，例如马尔代夫和尼泊尔，由于游客的涌入和建设相关的旅游基础设施，两国确实从中得到了收益，但是它们都不同程度地受到了西方投资者的剥削和对本地文化的冲击。

三、第三世界国家发展旅游业的机遇和障碍

在了解了第三世界国家发展旅游业所产生的宏观问题后，我们再来了解一下影响第三世界国家旅游项目成功或失败的微观因素，以及对当地造成的潜在影响。由于旅游对社会、经济和文化三者间产生的影响是相互联系的，所以它们之间没有明显的界线。

（一）国土面积

许多第三世界国家的国土面积很小，例如位于非洲的博茨瓦纳共和国和加勒比海的海地共和国，他们各自的国土面积只有不到 35000 平方千米。这样小的国土面积意味着很难提供多样的动物和植物，由于缺乏气候变化，旅游项目的类型也相对单一。相反，国土面积广阔的澳大利亚则不同，在那里既可以体验滑雪，又可以在热带岛屿度假，所以有着更加稳定的游客流量。

国土面积狭小一般就降低了旅游承载力，或特定地区接待和包容游客数量的能力。虽然这一因素没有明显阻碍旅游目的地的发展，但其产生社会文化消极影响的可能性会变大，例如

斐济、多哥等小型岛屿国家，游客和当地人接触的机会很多，而且这些国家狭小的国土面积不足以中和、淡化旅游者与当地人之间的文化差异，所以造成文化消极影响的可能性也相应变大。

（二）地理位置

一些第三世界国家发展旅游业不成功的因素之一就是他们的地理位置封闭。如果一个国家远离商业发达地区或者旅游路线，那么游客如果想来参观就必须绕更远的路、花费更多的时间，旅游成本的增加限制了到访游客的人数；不过这样也有一定好处，那就是能控制游客人数在旅游承载能力范围内。而另一方面，前去参观的游客大多是富人阶层，他们期望在当地游览时能有良好的住宿和餐饮条件，这就给当地资源造成了压力。一些国际旅游批评家就认为，澳大利亚由于孤立的地理位置，它必须要付出更大努力才能成为主要的国际旅游目的地。

一些第三世界国家的地理位置劣势在于不稳定的气候或灾难频发，如洪水、飓风、干旱、战争等。这些因素影响了当地的旅游业发展。当然，在其背后还有更深层次的经济和政治含义，尽管这样，我们还是应该注意到，在灾难发生时，旅游业会首先遭到破坏。例如，中东地区多年以来是依靠宗教朝圣来发展旅游业的，而由于政治不稳定和军事冲突时有发生，导致这些国家的旅游业被迫停止。而如果发生自然灾害，那么旅游业的基础设施就会连同其他公共设施一起遭到破坏。

（三）水资源

我们的生活离不开水资源，除了需要供我们饮用的纯净水外，我们还需要用水来清扫、洗衣、做饭等。在发达国家，平均每人每天用水量就高达 70 升。但第三世界国家的水资源却非常有限，有些地方常年干旱且储水量很小，当我们到这样的国家去旅游时，当地很难满足我们往常对水资源的需求；而且随着游客对当地水资源的消耗，使得当地人原本就稀少的用水量变得更少，而在降水量少的地方，这种问题会更加严重。

（四）经济限制

在我们讨论第三世界国家的旅游业时，不可回避的一个问题就是，旅游业给当地人究竟带来了多大的经济收益。因为第三世界国家的交通、建筑、通信等基础设施水准较低，用来建设和维护的原料必须从国外进口。这就意味着，当地通过旅游业赚取的利润又被国外公司赚取，当地劳动者所获得的只是通过旅游业赚得的工资，但如果当地劳动者又把赚得的工资用于模仿发达国家游客的穿着和生活方式，那这些钱也最终会从当地经济中流失。

许多公司不愿意在第三世界国家投资，因为那里的经济不稳定。例如，在拉丁美洲的一些国家，通货膨胀率达到 400%，当地货币贬值惊人。因为当地没有足有的钱来投资旅游业，所以他们只有靠给予很高的优惠条件来吸引外资，而这些企业的高管职位大多也是外国人，他们拿着高薪资的同时对当地居民在劳动和收入方面进行着极大的剥削；而且这些国家还需要依靠大量进口高级食品、生活用品来满足发达国家游客的消费需求，这都大大增加了当地经济的利润流失。

（五）生态旅游

许多第三世界国家为了解决上面提到的问题，他们采取发展生态旅游的策略。因为生态旅游规模小，旅游配套设施建设投入相对较低，而来访游客的受教育程度也较高，文化冲突规模较小，可以很好地避免上面提到的一些问题。虽然第三世界国家更适合发展生态旅游，但还有一个问题仍然存在，就是在这些国家里，自然资源容易被忽视和过度开发，保护资源的意识很薄弱，资源保护政策不能贯彻落实。为了获取更大的经济收益，他们宁愿选择牺牲当地的自然资源和生态环境，这就又引发了旅游业开发与自然生态资源保护之间的新问题。

旅游的发展所带来的许多问题并不主要起源于旅游本身，而是缺乏相关的规划和制度。虽然在小范围内很难看到旅游的消极社会影响，但问题迟早会暴露出来，如游客数量的增加必然造成与现存基础设施供给不足的矛盾等等。特别是在第三世界国家，由于经济收入、文化背景、生活方式等方面的巨大差异，旅游业对社会文化造成的影响已成为一个非常明显且非常重要的问题。

延展阅读

世界知名旅游城市面临游客潮压力，业者急寻妙招良方

参考消息网3月18日报道外媒称，意大利威尼斯限制大型游船进入市区，西班牙巴塞罗那控制租金水平，克罗地亚杜布罗夫尼克设定游客人数限额……为了应对大量游客涌入的压力，旅游业界人士纷纷前往一年一度的柏林国际旅游展览会，希望能在会上找到缓解压力的妙招良方。

据阿根廷布宜诺斯艾利斯经济新闻网3月14日报道，展览会负责人罗兰·康拉迪表示，到2030年全球将有18亿游客，有限的旅游空间无法容纳无限增长的游客，引发了越来越多的矛盾和问题。报道称，在低价航空和各个新兴旅游市场的带动下，1995年至2016年，全球游客人数从5.25亿迅速增加到12亿。2017年全世界的游客人数再次创纪录地增长了7%，与此同时也导致旅游目的地居民反对旅游的情绪高涨。很多当地居民由于日常生活受到游客人数激增的影响，纷纷站出来反对继续发展旅游业。

报道称，游客人数激增带来的后果是有目共睹的：在泰国著名的玛雅湾，由于受到潜水者的破坏，美丽的珊瑚大量死亡，导致景点濒临关闭；为了避免类似厄运降临，不丹政府设定了该国游客人数限额，克罗地亚杜布罗夫尼克也规定每年进入这座历史名城的人数不得超过8000人；为了一睹西班牙马略卡岛上的帕尔马大教堂的风采，每天都会有5艘大船靠岸，每艘船上都载着超过4000名游客，专家指出，这就是过度旅游的一个典型范例，而导致过度旅游的原因之一就是大型游船一次性会带来大量游客。

报道称，最有效并且对旅游目的地经济影响最小的方法就是分流客流。例如，只有26.5万居民的威尼斯为了更好地招待每年2400万人次的游客，决定限制大型游船进入市区；意大利政府还通过推介国内其他旅游胜地的方式，将客流从圣马可广场等每天都人满为患的旅游景点分流到其他同样值得一游的地方。此外，还可以通过干预旅游价格的方式，在保证旅游收入不受太大影响的同时，在一定程度上减少游客人数。例如，巴黎的埃菲尔铁塔将票价提高了50%；迪拜的哈利法塔则根据不同的游览时间制定了4种票价，最贵的票价就是登塔观日落；荷兰阿姆斯特丹则利用高科技实时通知游客需要等待的时间，在分流游客的同时也为游客带来了便利。然而，互联网等高科技手段的发展也带动了旅游目的地房屋租赁业的发展，导致当地房价暴涨，进而引发当地居民强烈的不满。例如，巴塞罗那的反旅游情绪就因为租金问题持续发酵。最后政府不得不出手干预，控制租金水平。

一项关于过度旅游的最新研究报告称，旅游目的地36%的居民都认为国际游客带来了沉重压力，而仅在半年前这个数字还是18%。

思考题

1. 请简述旅游对社会文化产生影响的基础。
2. 制约旅游对社会文化产生影响的因素有哪些？
3. 旅游对社会文化的影响主要体现在哪些方面？请举例说明。
4. 请简述文化采借和旅游文化潜移的基本内涵。
5. 请简述第三世界国家发展旅游业面临的机遇与挑战。

参考文献

[1]RYAN C. Recreation Tourism:A Social Science Perspective[M]. London:Routledge,1991.

[2]MATHIESON A,WALL G. Tourism:Economic,Physical and SocialImpacts[M]. London:Longman Press,1982.

[3]KOTTKE M. Estimating Economic Impacts of Tourism[J]. Annals of Tourism Research,Vol. 15,1988,pp. 122 - 133.

[4]GREENWALD D. Encyclopedia of Economics[M]. New York:McGraw-Hill Book Company,1982.

[5]MURPHY P E. Tourism:A Community Approach[M]. New York and London:Methuen,1985.

[6]CRICK M. Representations of International Tourism in the Sosiao Sciences[J]. The Sociology of Tourism,edited by Yiorgos Apostolopoulos,etc,Routledge,1996.

[7]SMITH V L. Hosts and Guests:The Anthropology of Tourism[M]. Philadelphia:Pennsylvania University Press,1989.

[8]POON A. Tourism,Technology and Competitive Strategy[M]. CAB International Press,1993.

[9]Archer B H. Tourism Multiplier:the State of the Art[M]. Cardiff:University of Wales Press,1977.

[10]ROJEC C,URRY J. Learning Culture:Transformations of Travel and Theory[M]. London:Routledge,1997.

[11]MICHAEL C,PAGE S. Tourism in south and south east Asia:Issues and case[M]. Butterworth-Heinemann,2000.

[12]MCLAREN D. Rethinking Tourism and Ecotravel:The Paving of Paradise and What You Can Do to Stop It[M]. Boulder:Kumarian Press,1998.

[13]NASH D. Anthropology of Tourism[M]. Oxford:Pergarmon,1996.

[14]PEARCE D. Tourism Today:A Geographical Analysis[M]. Longman Scientific & Technical Press,1987.

[15]BOSSELMAN F P,PETERSON C A,and MCCARTHY C. Managing Tourism Growth:Issues and Applications[M]. Washington,DC:Island Press,1999.

[16]程灏旻,王维,罗卿,王敦欣. 空气污染对人体健康的影响[J]. 资源与环境,2021,47(1):167 - 168.

[17]郑天航.毁林开垦造成植被毁坏的恢复与保护措施[J].问题探讨,2020,23(2):107－108.
[18]宁宝英,何元庆.丽江古城的旅游发展与水污染研究[J].中国人口资源与环境,2007,17(5):123－127.
[19]余方杰,许建.东石笋风景区旅游容量和环境保护对策的探究[J].现代农业科技,2007(16):185－186.
[20]刘江宜,窦世权,牟德刚.海岛资源环境承载能力评价研究:以广西涠洲岛为例[J].中国渔业经济,2020,38(6):109－120.
[21]王天资.辽金元时期壁画的历史内涵与旅游价值[J].黑龙江民族丛刊,2019(4):76－79.
[22]郑蓓媛,马蓓.分析河西走廊壁画旅游资源开发[J].城市旅游规划,2015(12):209－210.
[23]王敏,王紫薇,朱宇文,周晨.关于公众对野生动物的认知调研及思考[J].广东蚕业,2020,54(4):44－46.
[24]王丽芳.龟兹石窟群及其壁画旅游资源的特点及旅游功能分析[J].昌吉学院学报,2009(5):43－45.
[25]齐东,张淑珍,郭仕涛.暖温带基岩海岸旅游资源的开发利用[J].技术开发,1996(4):19－21.
[26]尚杰.青岛海岸线规划利用与城市发展[J].海岸工程,2005,24(4):53－60.
[27]杨安.南昌市野生动物保护中存在的问题及其对策探究[J].南方农业,2020,14(14):143－144.
[28]申嘉谢.中国城市热岛效应:31个城市热岛强度的定量分析[J].建筑与文化,2021(5):194－195.
[29]石强,廖科,钟林生.旅游活动对植被的影响研究综述[J].浙江林学院学报,2006,23(2):217－223.
[30]高娅.旅游对青岛沿海生态环境的负面影响[J].青年与社会,2018(33):254.
[31]马海燕.野生动物保护理论问题探述[J].农业与技术,2016(36):253.
[32]陈和,周阳城,欧阳承达.游客在沿海旅游中的满意度研究:以广东沿海旅游带调查为例[J].旅游管理研究,2020(24):37－40.
[33]陈潮.唐墓壁画 陕西旅游的秘密武器[N].中国包装报,2000－07－13(1).
[34]何拥军.山东滨海旅游地质资源思考[J].海洋地质动态,1996(1):4－6.
[35]马湫翔.全域旅游视角下涠洲岛旅游发展探究[J].广州蚕业,2019,53(12):81－82.
[36]谢锋,张光生,王业青.山岳型旅游地水环境的保护与管理:循环·整合·和谐:第二届全国复合生态与循环经济学术讨论会论文集[C].北京:中国科学技术出版社,2005:317－321.
[37]王佳.我国沿海地区旅游环境承载力预警研究[D].青岛:中国海洋大学,2014.
[38]李秀玲.长兴岛海岸线变迁与破坏及修复方案[D].大连:大连海事大学,2013.
[39]余惠玲."天峡模式"入选全国新型城镇化十大案例:湖北天峡鲟业有限公司董事长蓝泽桥谈"天峡模式"[N].中国县域经济,2015－03－09(13).
[40]苏昕.餐饮业消费市场研究及对策[J].魅力中国,2010(1):160－161.

[41]危一诺. 古建筑保护的现状分析[J]. 西部皮革. 2019,41(6):92.
[42]陕西历史博物馆. 陕甘古代壁画保护科研机构携手强强合作[J]. 文物鉴定与鉴赏,2021(9):17.
[43]钱雨. 论旅游景区餐饮业发展的前景[J]. 食品界,2021(10):105-107.
[44]胡雅宁. 古建筑保护与可持续发展旅游发展探究[J]. 当代旅游,2021,19(8):64-65.
[45]杨红霞. 古建筑修缮过程中如何提高保护与利用水平[J]. 文物鉴定与鉴赏,2020(22):69-71.
[46]刘秋菊,景国勋,房耀洲. 浅析城市交通拥挤现象及解决方法[J]. 安徽建筑,2007(1):10-11.
[47]杨光荣. 发展莱茵河旅游业的启示[N]. 海南日报,2011-10-14(10).
[48]魏庆军,张丁方,刘亚楠. 安钢 奋楫争先 构筑集团发展新格局[N]. 中国冶金报,2021-07-28(7).
[49]肖建华. 湘江:新政绘出"东方莱茵河"[J]. 环境保护,2011(14):58-60.
[50]楚春礼,鞠美庭. 中国环境百科全书(选编本)当代环境保护发展[M]. 北京:中国环境出版集团,2020.
[51]郑耀星,林明太. 旅游资源学[M]. 北京:北京大学出版社,2009.
[52]邹桂西. 文物古建筑的迁建、保护和修缮探析:以南宁孔庙为例[J]. 文物鉴定与欣赏. 2021(4):84-86.
[53]魏涤非. 国内古建筑保护的发展与对策[J]. 产业论坛,2021(19):33-34.
[54]张高丽、丁航. 江西景德镇浮梁县古建筑文物的修缮与保护[J]. 文物鉴定与鉴赏,2021(10):118-120.
[55]王锐. 我国古建筑保护与可持续旅游发展[J]. 品牌研究,2018(1):122-124.
[56][英]麦克·J·斯特布勒,[希腊]安德烈亚斯·帕帕西奥多勒,[英]M·西娅·辛克莱. 旅游经济学[M]. 2版. 林虹,译. 北京:商务印书馆,2017.
[57]王文慧. 中国旅游业就业潜力与空间开拓研究[J]. 商业时代,2010(18):130-132,108.
[58]叶全良. 旅游经济学[M]. 北京:旅游教育出版社,2002.
[59]田孝蓉,李峰. 旅游经济学[M]. 郑州:郑州大学出版社,2002.
[60]田里. 旅游经济学[M]. 北京:高等教育出版社,2002.
[61]戴斌. 论国际旅游经济学的演进与发展[J]. 桂林旅游高等专科学校学报,1998(3):5-10.
[62][美]罗伯特·朗卡尔. 旅游及旅行社会学[M]. 蔡若明,译. 北京:旅游教育出版社. 1989:57.
[63]刘振礼. 旅游对接待地的社会影响及对策[J]. 旅游学刊,1992(3):52-55,51-60.
[64]刘赵平. 再论旅游对接待地的社会文化影响:野三坡旅游发展跟踪调查[J]. 旅游学刊,1998(1):49-53.
[65][英]欧·奥尔特曼,马·切默斯. 文化与环境[M]. 骆林生,王静,译. 上海:东方出版社,1991.
[66]杨慧,陈志明,张展宏. 旅游、人类学与中国社会[M]. 昆明:云南大学出版社,2001.

[67]李天元.旅游学概论[M].天津:南开大学出版社,2009.
[68]张华容.现代旅游学[M].北京:旅游教育出版社,2002.
[69]王德刚.旅游学概论[M].北京:清华大学出版社,2012.
[70]杨时进,沈受军.旅游学[M].北京:中国旅游出版社,1996.
[71]田里.现代旅游导论[M].昆明:云南大学出版社,1994.
[72]申葆嘉.旅游学原理:旅游运行规律研究之系统陈述[M].北京:中国旅游出版社,2010.
[73]鲁勇.广义旅游学[M].北京:社会科学文献出版社,2013.
[74]谢彦君.基础旅游学[M].4版.北京:商务印书馆,2019.
[75]杨宇光.联合国词典[M].哈尔滨:黑龙江人民出版社,2014:113-114.
[76]臧维熙.中国旅游文化大辞典[M].上海:中国古籍出版社,2016:544-545
[77]谢彦君.基础旅游学[M].2版.北京:中国旅游出版社,2004.
[78][英]克里斯·库珀.旅游学:原理与实践[M].张俐俐,蔡利平,译.北京:高等教育出版社,1986:203-215.
[79]张凌云.国际上流行的旅游定义和概念综述[J].旅游学刊,2008,23(1):86-91.
[80]杨振之.论旅游的本质[J].旅游学刊,2014,29(3):13-21.
[81]吴必虎.旅游研究与旅游发展[M].天津:南开大学出版社,2009.
[82]吴必虎.旅游规划原理[M].北京:中国旅游出版社,2010.
[83]张凌云.中国旅游发展笔谈:全域旅游:实践与反思[J].旅游学刊,2020,35(2):1.
[84]谢彦君.旅游的本质及其认识方法:从学科自觉的角度看[J].旅游学刊,2010,25(1):26-31.
[85]陈忠丽.论自然保护区旅游业可持续发展[J].环球人文地理,2014(24):13-17.